Impressum
Verlag: BABADADA GmbH, Nedderfeld 112 , 22529 Hamburg
Geschäftsführer / Verlagsleitung: Harald Hof
Druck: Books on Demand GmbH, In de Tarpen 42, 22848 Norderstedt

Imprint
Publisher: BABADADA GmbH, Nedderfeld 112 , 22529 Hamburg, Germany
Managing Director / Publishing direction: Harald Hof
Print: Books on Demand GmbH, In de Tarpen 42, 22848 Norderstedt

feccu
delen

186/2

alluwal
bord

jangirdu
klaslokaal

dingiral duɗal
speelplaats

ceerno
leerkracht

kaayit
papier

windu
schrijven

bindirgal
pen

biro
bureau

pondirgal
liniaal

deftere
boek

almuudo
leerling

sakosel

schooltas

suudu kuɗol

pennenzak

kuɗol

potlood

ceeɓnoowo kuɗol

puntenslijper

momtirgal

gom

nokku diidirɗo

tekenblok

diidgol

tekening

diidirgal

verfborstel

suudu diidordu

verfdoos

sisooje

schaar

kol

lijm

deftere softinorde

werkboek

coftinogol

huiswerk

tongoode

nummer

beydu

optellen

ustu

aftrekken

hebbin

vermenigvuldigen

lim

rekenen

bataake

letter

hijju

alfabet

kongol

woord

windande

tekst

jangu

Lezen

bindirgal

krijt

darsu

les

windaade

klassenboek

ÿeewtogol

examen

ijaazi

certificaat

wutte jaŋirɗo

schooluniform

jaŋde

onderwijs

ɗowitorde mawnde

encyclopedie

jaaɓi haatirde

universiteit

mokoroskop

microscoop

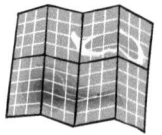

wertaango

kaart

siwo mbalis

papiermand

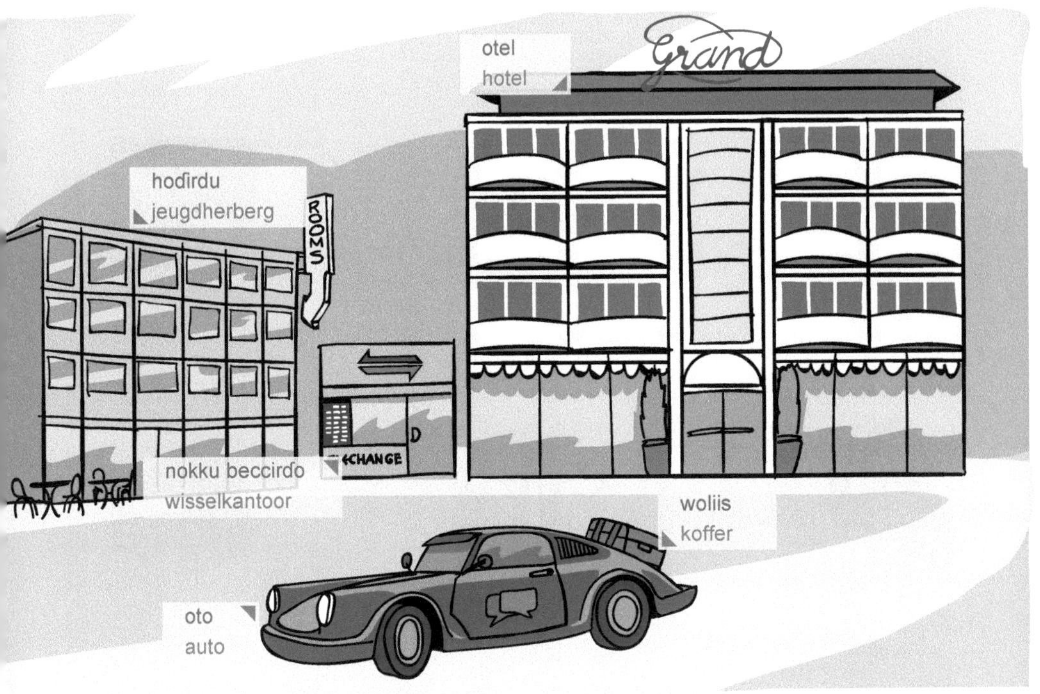

otel
hotel
Grand
hoɗirdu
jeugdherberg
ROOMS
nokku beccirɗo
wisselkantoor
EXCHANGE
woliis
koffer
oto
auto

ɗemngal

Taal

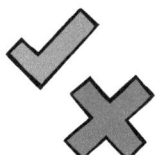

ey / ala

ja / nee

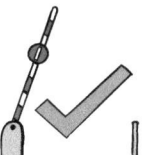

Eyyo

oké

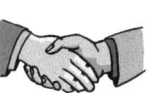

mbaɗɗa

hallo

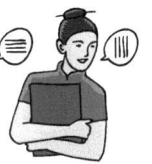

pirtoowo

vertaler

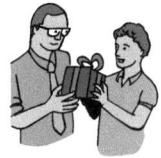

jaraama

bedankt

hono foti...?

Hoeveel kost ...?

mi faamaani

Ik begrijp het niet

satteende

probleem

jam hiiri

Goedenavond!

jam waali

Goedemorgen!

jam waal

Goedenavond!

baay baay

Tot ziens

ngardiindi

richting

kaake

bagage

saak

zak

saak bakke

rugzak

koɗo

gast

suudu

kamer

saak ɗaanorɗo

slaapzak

taanta

tent

kabaaru jillotooɗo
toeristeninformatie

palaaz
strand

kartal keredii
kredietkaart

kasitaari
ontbijt

bottaari
lunch

hiraande
avondeten

tikkett
ticket

suutde
lift

tembere
postzegel

keerol
grens

soodooɓe
douane

ambasaat
ambassade

wiisa
visum

paaspoor
paspoort

transport

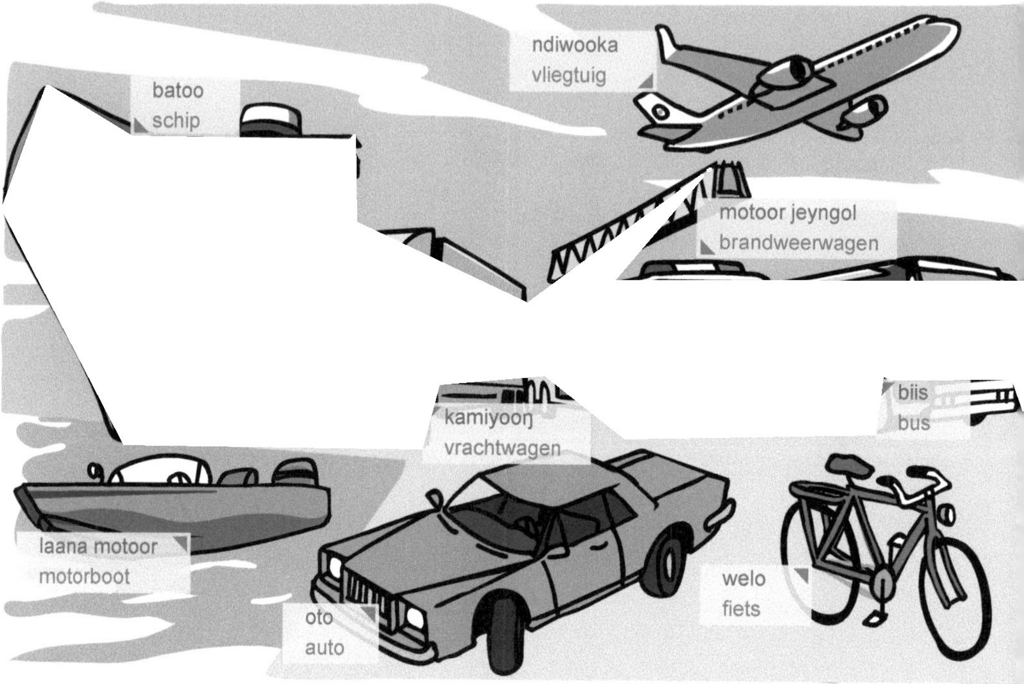
ndiwooka
vliegtuig
batoo
schip
motoor jeyngol
brandweerwagen
kamiyooŋ
vrachtwagen
biis
bus
laana motoor
motorboot
welo
fiets
oto
auto

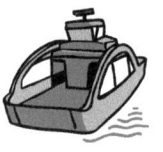

baak

veerboot

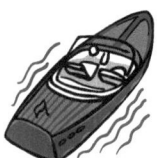

laana

boot

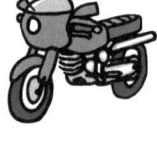

welo motoor

motor

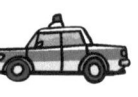

oto poliis

politiewagen

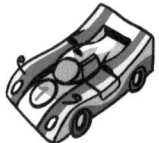

oto dandu

racewagen

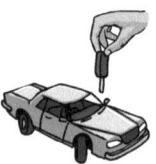

otoluwaaɗo

huurauto

rendude oto

carpoolen

leŋge

sleepwagen

kamiyooŋ salo

vuilniswagen

moto

motor

gaas

benzine

esaaseer

benzinestation

maantorde tali

verkeersbord

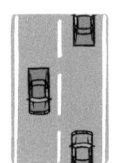

tali

verkeer

bittugol tali

file

darnirde oto

parkeerplaats

dartorde teree

station

laabi

sporen

teree

trein

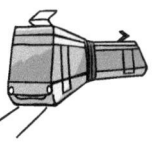

taraam

tram

nawgol

wagon

elikooteer
helikopter

aydapoor
luchthaven

hubeere
toren

jahoowo
passagier

kontaneer
container

kees
karton

saret
kar

siwo
mand

diw / tello
opstijgen / landen

stad

saare
dorp

hakkunde wuro
stadscentrum

galle
huis

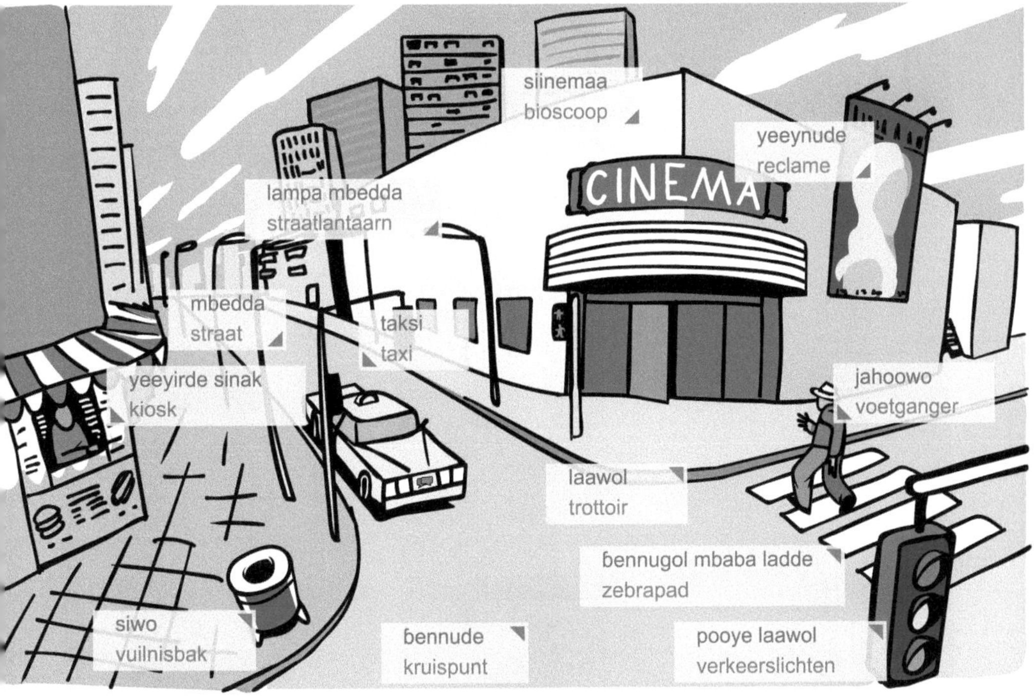
siinemaa
bioscoop
yeeynude
reclame
lampa mbedda
straatlantaarn
mbedda
straat
taksi
taxi
yeeyirde sinak
kiosk
jahoowo
voetganger
laawol
trottoir
ɓennugol mbaba ladde
zebrapad
siwo
vuilnisbak
ɓennude
kruispunt
pooye laawol
verkeerslichten
CINEMA
MUSEUM

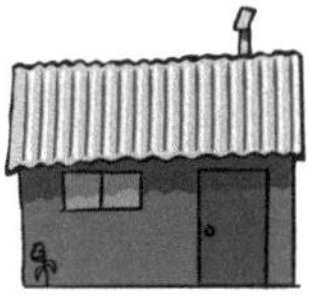

tiba

hut

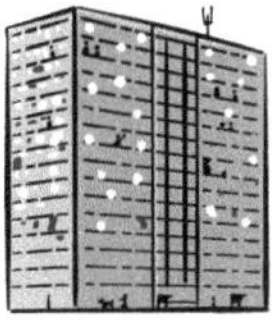

hoɗorde

woning

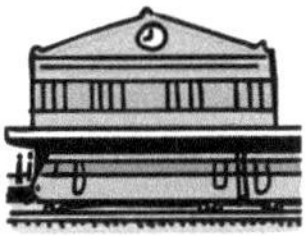

dartorde teree

station

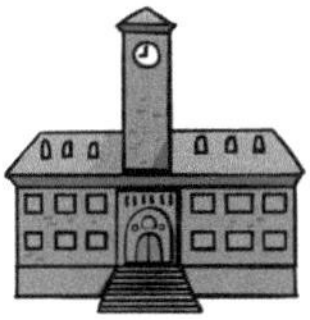

meeri

stadshuis

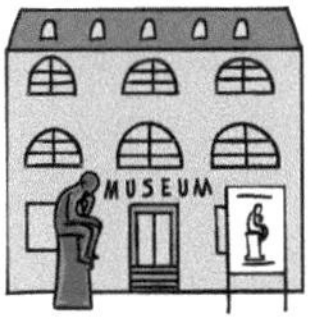
MUSEUM

miise

museum

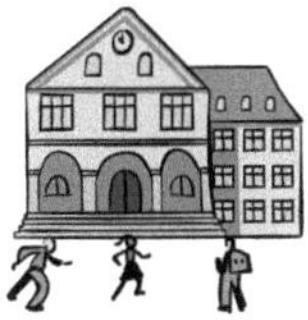

duɗal

school

jaaɓi haatirde

universiteit

baŋke

bank

safrirdu

ziekenhuis

otel

hotel

farmasii

apotheek

gollorde

kantoor

yeeyirde defte

boekwinkel

yeeyirde

winkel

mo nehoowo ledɗe

bloemenwinkel

duggere

supermarkt

jeere

markt

yeeyirde diiwaan

warenhuis

mo gawoowo

vishandelaar

nokku njeeygu

winkelcentrum

telloorde

haven

parka

park

joodorde

bank

pooŋ

brug

ŋabbirɗe

trap

les leydi

metro

laawol les

tunnel

dartorde biis

bushalte

baar

bar

restoraaŋ

restaurant

suudu posto

brievenbus

maantorde mbedda

straatnaambord

meetorde parka

parkeermeter

nehirde kulle

zoo

pisiin

zwembad

jumaa

moskee

ngesa

boerderij

bonande

milieuverontreiniging

genaale

kerkhof

ekiliis

kerk

dingiral

speelplaats

tempele

tempel

landschap

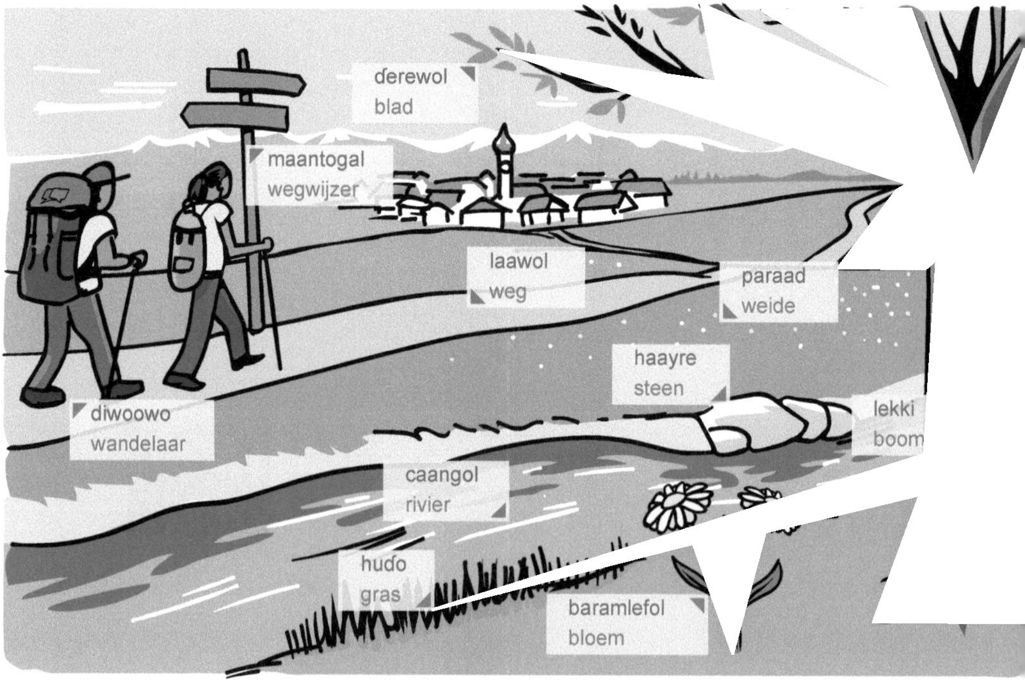

derewol
blad

maantogal
wegwijzer

laawol
weg

paraad
weide

haayre
steen

lekki
boom

diwoowo
wandelaar

caangol
rivier

hudo
gras

baramlefol
bloem

fongo

vallei

tiwaande

heuvel

weendu

meer

dundu

bos

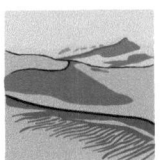

ladde

woestijn

wolkaaŋ

vulkaan

hoɗorde

kasteel

timtimol

regenboog

wiiduru gaynaako

paddenstoel

lekki koko

palmboom

ɓongu

mug

diw

vlieg

ñuuñu

mier

ñaaku

bijl

njabala

spin

karaab

kever

paaɓa

kikker

jiire

eekhoorn

nguru paaɓa

egel

wojere

haas

hooweere

uil

ndiwri

vogel

kankaleewal

zwaan

fowru

wild zwijn

lella

hert

kooba

eland

baaraas

dam

seɗa hendu

windturbine

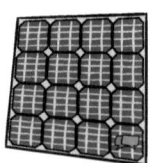

mbeɗu naange

zonnepaneel

kilimaaŋ

klimaat

carwoowo
ober

ndefu
menu

joodorde
stoel

suppu
soep

pissaa
pizza

nappu
tafelkleed

wutayel
bestek

puddordo
voorgerecht

barme mawdo
hoofdgerecht

deseer
nagerecht

njarameeje
drankjes

ñamri
eten

bitel
fles

fastfuut

fastfood

ñaamde mbedda

street food

pot ataaya

theepot

taasa suukara

suikerpot

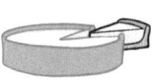

geɗal

portie

masiŋ esperesoo

espressomachine

jooɗorde toownde

kinderstoel

faktiir

rekening

terey

dienblad

paaka

mes

fursett

vork

kuddu

lepel

kuddu ataaya

theelepel

torsooŋ

serviette

weer

glas

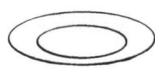

palaat
bord

palaat suppu
soepbord

coosoowo
schoteltje

soos
saus

pot lamđam
zoutvatje

poobaar
pepermolen

wineegar
azijn

diwliin
olie

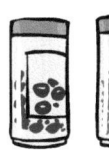

kaaniije
kruiden

ketsoop
ketchup

mutaarde
mosterd

maynees
mayonaise

supermarkt

dokkal teentungal
aanbieding
FOR
coodoowo
klant
deftel
zuivelproducten
ɓingel leggal
fruit
saret
winkelwagen

BUTCHERS

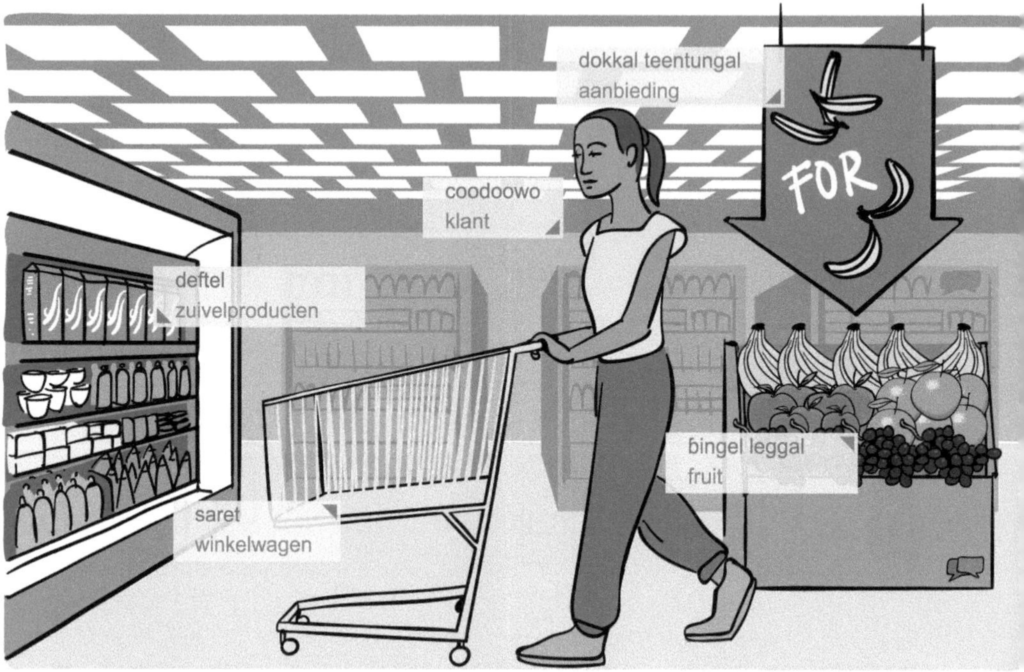

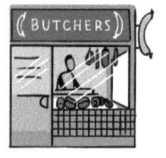

mo jeeyoowo teewu

slagerij

BAKERY

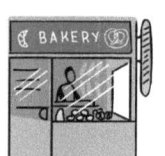

mo piyoowo mburu

bakkerij

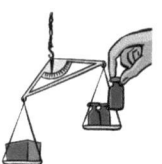

ɓett

wegen

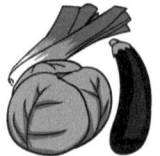

ɓiɓe leɗɗe

groenten

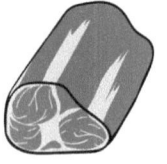

teewu

vlees

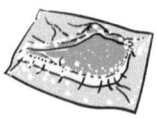

ñamri fendiindi

diepvriesvoedsel

teewu ɓuuɓngu

charcuterie

ñamri

conserven

omo

waspoeder

tangaleeji

snoep

geɗe galle

huishoudproducten

geɗe laɓɓinooje

schoonmaakproducten

jeeyoowo

verkoopster

hippoode

kassa

ngaluyanke

kassier

limo soodetee

boodschappenlijstje

waktuuji gudditeeɗi

openingstijden

kalbe

portefeuille

kartal keredii

kredietkaart

saak

tas

saak dalli

plastieken zakje

ndiyam

water

sii

sap

kosam

melk

Koowk

cola

sangara

wijn

sangara

bier

alkol

alcohol

koka

cacao

ataaya

thee

kafe

koffie

esperesoo

espresso

kaputsiino

cappuccino

banaana

banaan

pomere

appel

oraaŋs

sinaasappel

dende

meloen

limoŋ

citroen

karott

wortel

laac

knoflook

bambuu

bamboe

soblere

ajuin

wiiduru gaynako

champignon

gerte

noten

kodde

noodles

espaketii

spaghetti

maaro

rijst

solaat

salade

sipse

frieten

padaas pasnaaɗo

gebakken aardappelen

pissaa

pizza

amburgoor

hamburger

sandiis

sandwich

tayre

kalfslapje

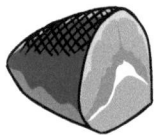

heltinde

ham

salaami

salami

soosiis

worst

gertogal

kip

juɗe

braden

liingu

vis

karaw

havervlokken

miyesli

muesli

butaali makka

cornflakes

cafka

bloem

koraasaŋ

croissant

loocol mburu

pistolet

mburu

brood

mburu

toast

mbiskit

koekjes

boor

boter

caakri

kwark

ngato

taart

boofoode

ei

bofoode defaaɗo

spiegelei

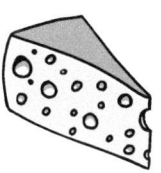

formaas

kaas

kerem galaas

ijs

suukara

suiker

njuumri

honing

piire

confituur

soosde sokola

choco

kiri

curry

boerderij

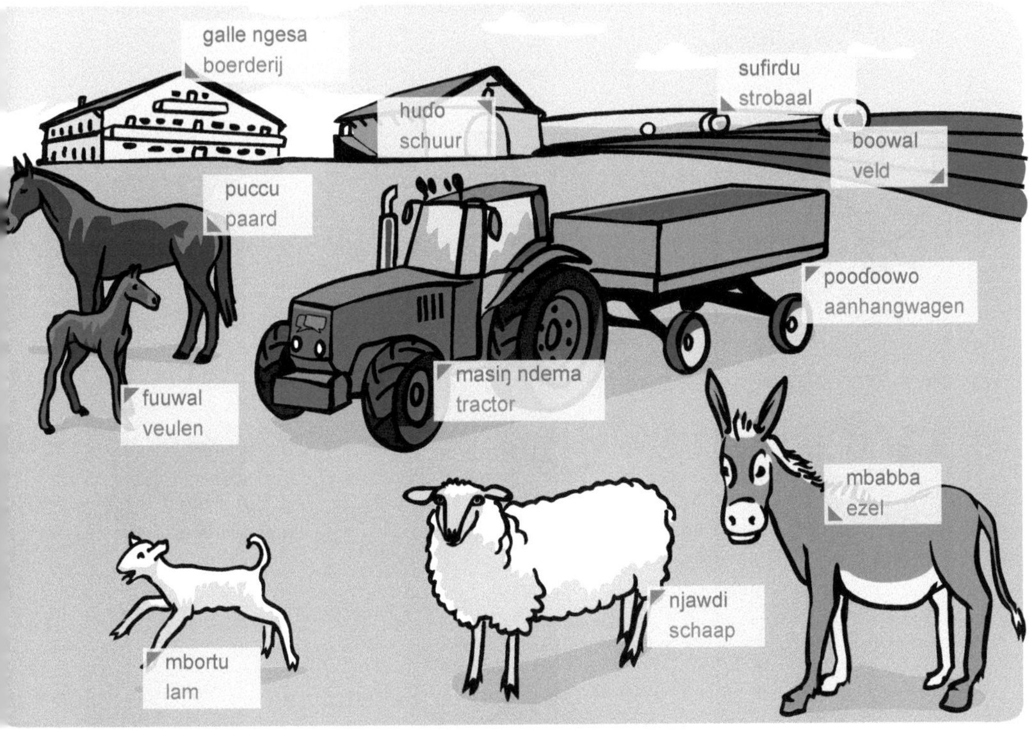
galle ngesa
boerderij
huɗo
schuur
sufirdu
strobaal
boowal
veld
puccu
paard
pooɗoowo
aanhangwagen
masiŋ ndema
tractor
fuuwal
veulen
mbabba
ezel
njawdi
schaap
mbortu
lam

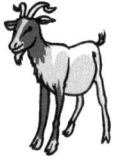

ndamndi

geit

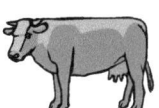

ngaari

koe

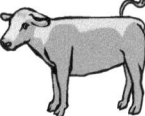

ñale

kalf

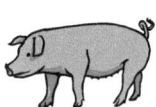

mbaba tugal

varken

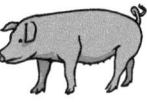

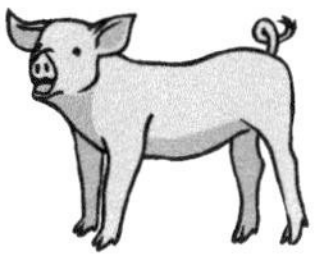

ɓingel tugal

biggetje

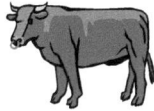

ngaari

stier

jaawalal

gans

jaawangal

eend

gertogal

kuiken

jarlal

kip

ngori

haan

doombru

rat

ulluundu

kat

dombru

muis

ngaari

os

rawaandu

hond

suudu rawaandu

hondenhok

lekki werte

tuinslang

bitel ndiyam

gieter

jalo

zeis

jabbude

ploeg

wafdu

sikkel

caga

schoffel

furset yettirɗo

hooivork

jambere

bijl

burwett

kruiwagen

jardugal

trog

bitel kosam

melkkan

bonnude

zak

heerorde

hek

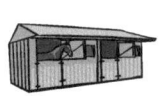

dari

stal

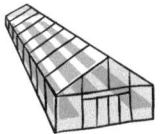

resofmaaŋ

broeikas

leydi

bodem

aawdi

zaad

engere

mest

rendin coñoowo

maaidorser

soñ

oogsten

coñal

oogst

ñambi

yam

ndiyamiri

tarwe

soozaa

soja

padaas

aardappel

makka

maïs

aawdi adan

koolzaad

lekki ɓesnooki

fruitboom

kasaawa

maniok

gawri

graan

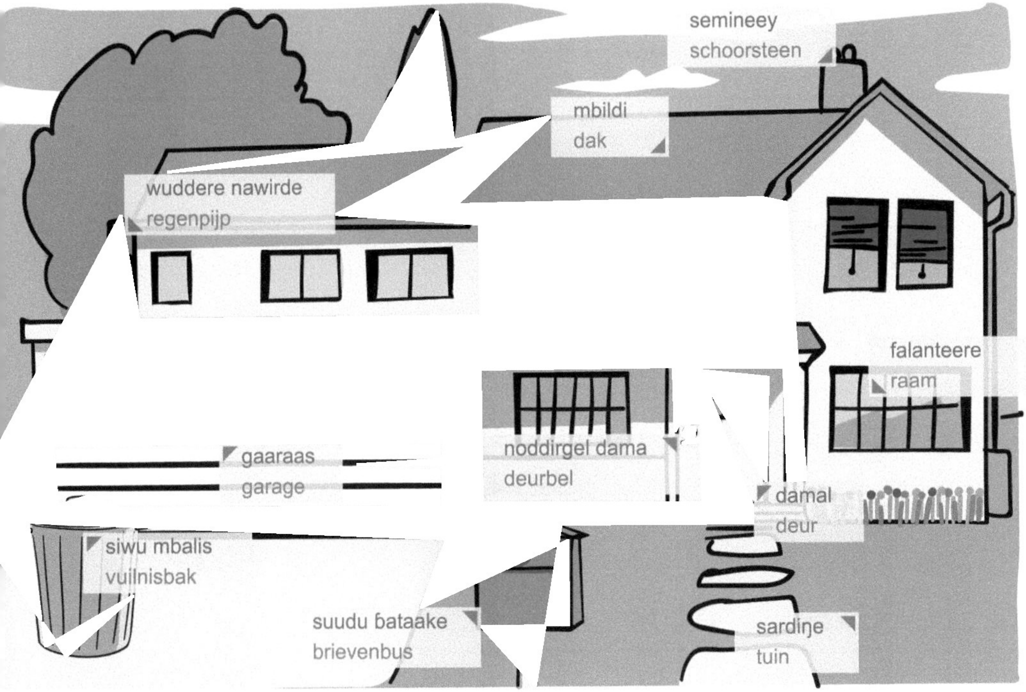

semineey
schoorsteen

mbildi
dak

wuddere nawirde
regenpijp

falanteere
raam

gaaraas
garage

noddirgel dama
deurbel

damal
deur

siwu mbalis
vuilnisbak

suudu bataake
brievenbus

sardiɲe
tuin

saal
woonkamer

lootorde
badkamer

waañ
keuken

suudu lelteendu
slaapkamer

suudu suka
kinderkamer

suudu hirtordu
eetkamer

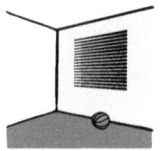

leydi
vloer

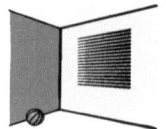

miir
muur

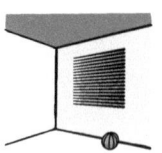

dira
plafond

masiŋel
kelder

soona
sauna

balkooŋ
balkon

teeraas
terras

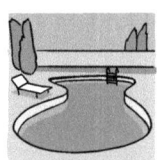

pisin
zwembad

tondoos
grasmaaier

kaayit
dekbedovertrek

mbertanteeri
dekbed

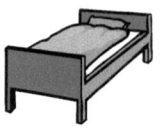

lelnde
bed

pittirɗe
bezem

siwoo
emmer

waylu
schakelaar

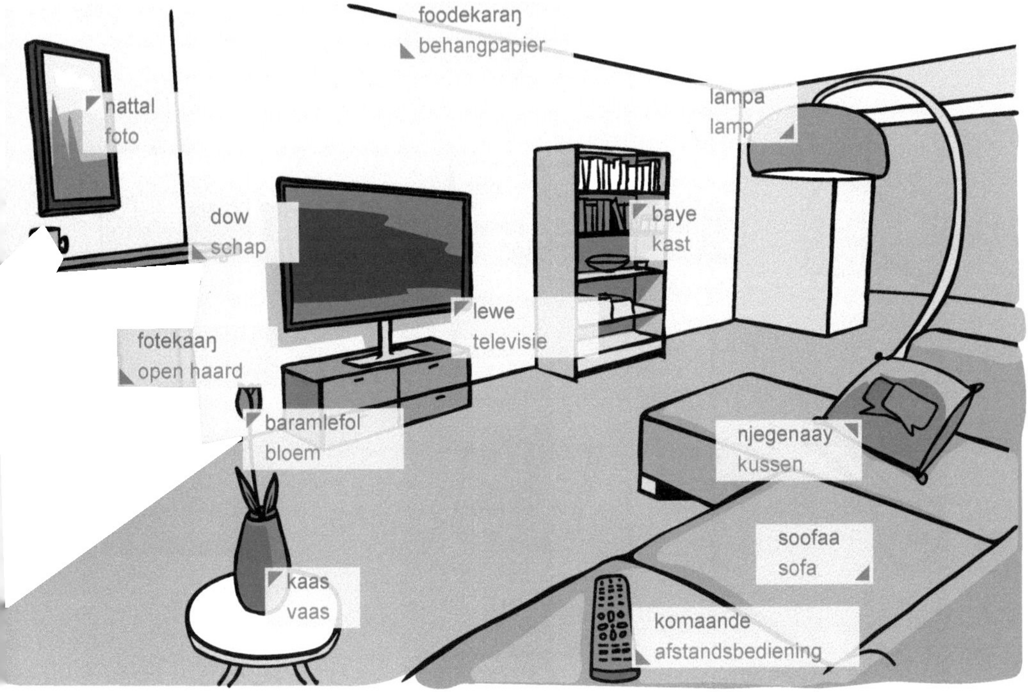

foodekaraŋ
behangpapier

nattal
foto

lampa
lamp

dow
schap

baye
kast

fotekaaŋ
open haard

lewe
televisie

baramlefol
bloem

njegenaay
kussen

soofaa
sofa

kaas
vaas

komaande
afstandsbediening

tappi
mat

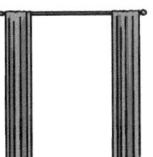

rido
gordijn

taabal
tafel

joodorde
stoel

joodorde timmunde
schommelstoel

tuggorde
fauteuil

deftere

boek

suddaare

deken

cinki

decoratie

docotal

brandhout

filmo

film

kuutorde hi-fi

stereo-installatie

caabi

sleutel

jaaynde

krant

pentiirde

schilderij

posteer

poster

haalirde

radio

deftel mooftirgel

notitieboekje

ŋabbude

stofzuiger

siwo lekki

cactus

sondel

kaars

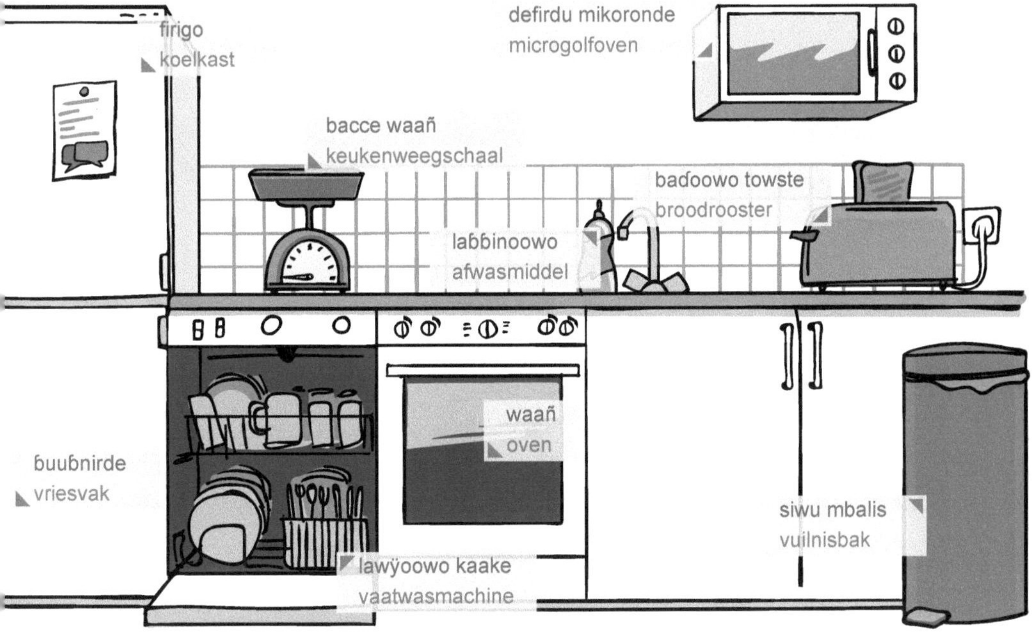

defirdu mikoronde
microgolfoven

firigo
koelkast

bacce waañ
keukenweegschaal

bađoowo towste
broodrooster

labbinoowo
afwasmiddel

waañ
oven

buuɓnirde
vriesvak

siwu mbalis
vuilnisbak

lawÿoowo kaake
vaatwasmachine

defoowo	pot	pot bađđo njamdi
fornuis	pot	gietijzeren pot

lehel	lahal	baraade
wok / kadai	pan	waterkoker

gulnoowo

stoomkoker

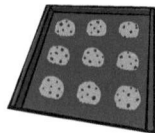

fuur cumirɗo

bakplaat

wiisirde

servies

kaas

mok

taasa

kom

bakett

eetstokjes

heɗirde

pollepel

kuundal

spatel

burgal

garde

gulnirɗo

vergiet

pool

zeef

koosoowo

rasp

wowru

mortier

njuɗu

barbecue

lewlewndu

haardvuur

alluwal tayirgal

snijplank

dullirgal

deegrol

tenaay

kurkentrekker

potyel

blik

udditirɗo potyel

blikopener

jaggoowo pot

pannenlap

lawÿirde

gootsteen

borisde

borstel

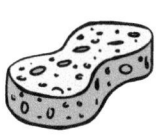

epoos

spons

jiiɓoowo

blender

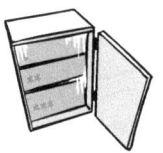

firigo juutɗo

vriezer

bitel tiggu

papfles

robine

kraan

badkamer

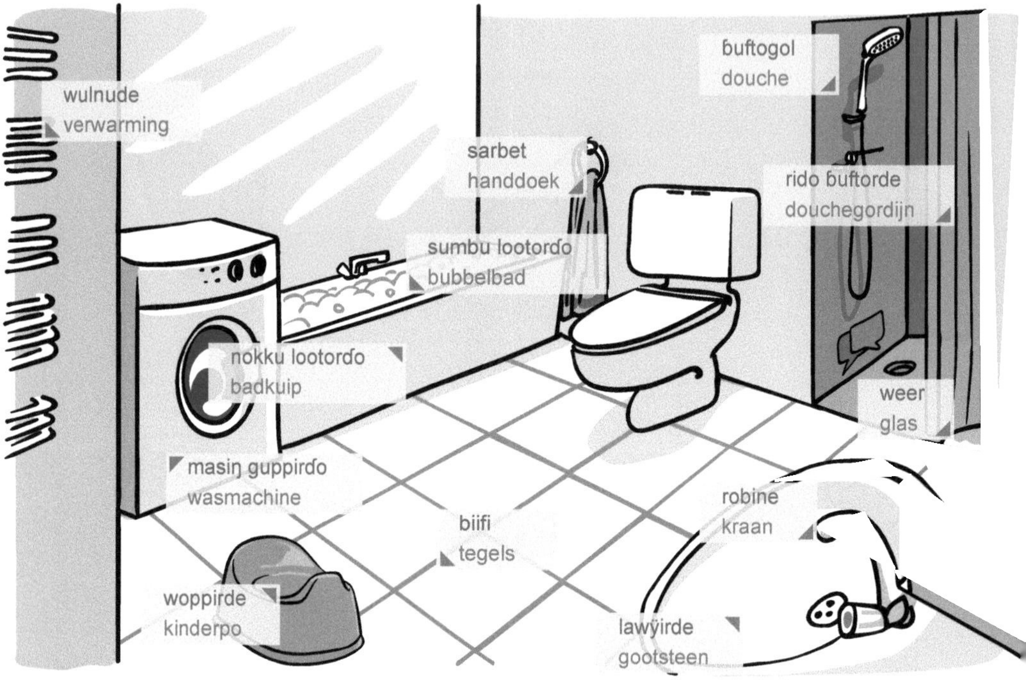
ɓuftogol
douche
wulnude
verwarming
sarbet
handdoek
rido ɓuftorde
douchegordijn
sumbu lootorɗo
bubbelbad
nokku lootorɗo
badkuip
weer
glas
masiŋ guppirɗo
wasmachine
robine
kraan
biifi
tegels
woppirde
kinderpo
lawŷirde
gootsteen

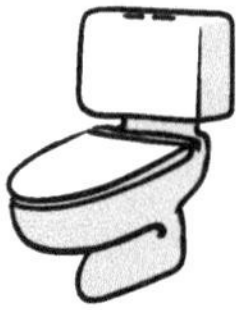

heblorde
toilet

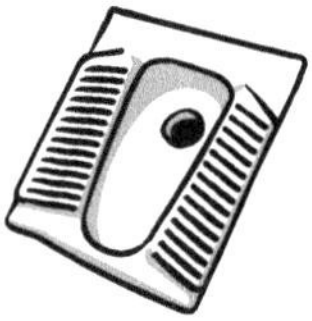

yaltirde les
hurktoilet

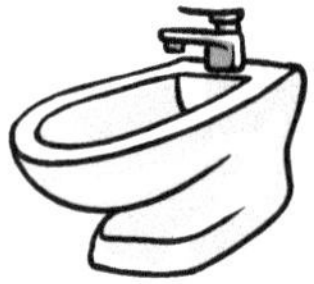

yaltirde
bidet

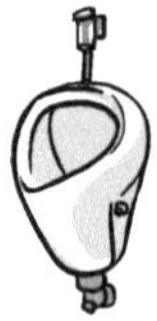

soofirde
urinoir

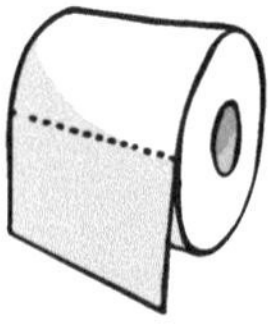

kaayit heblorde
toiletpapier

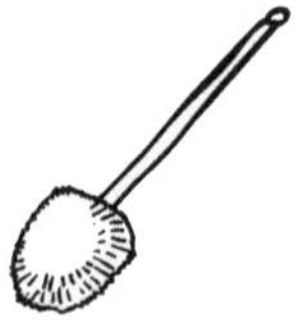

boros heblorde
toiletborstel

boros ñiiÿe

tandenborstel

pat cocorɗo

tandpasta

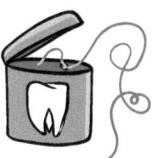

cocorgal

flosdraad

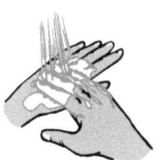

lawyu

wassen

ɓuftorde jungo

handdouche

jampe

bidethanddouche

taasa

waskom

boros keeci

rugborstel

saabunde

zeep

nebam ɓuftorde

douchegel

sampoye

shampoo

lootogel

washandje

yupude

afvoer

mileen

crème

lati

deodorant

daarogal

spiegel

daarogal jungo

handspiegel

rasuwaar

scheermes

sumbu pemborɗo

scheerschuim

lallitirde

aftershave

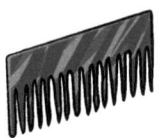

koomu

kam

boros

borstel

yoorno hoore

haardroger

uurna hoore

haarlak

makiyaas

make-up

lippo

lippenstift

emaaye segene

nagellak

wiro

watten

sisooje segene

nagelknipper

parfooŋ

parfum

saawdu lawyirdu

toilettas

kuudi

kruk

bacce ɓetirde

weegschaal

wutte lootorɗo

badjas

kawaseeje dalli

latex handschoenen

tampooŋ

tampon

sarbet laɓɓinoorɗo

maandverband

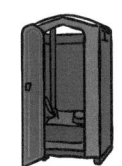

lootogol cellungol

chemisch toilet

kinderkamer

mantoor pindinoowo
wekker
pijirgel ɗaatngel
knuffel
oto fijirde
speelgoedauto
rekeet
rammelaar
suudu puppe
poppenhuis
tawa
geschenk

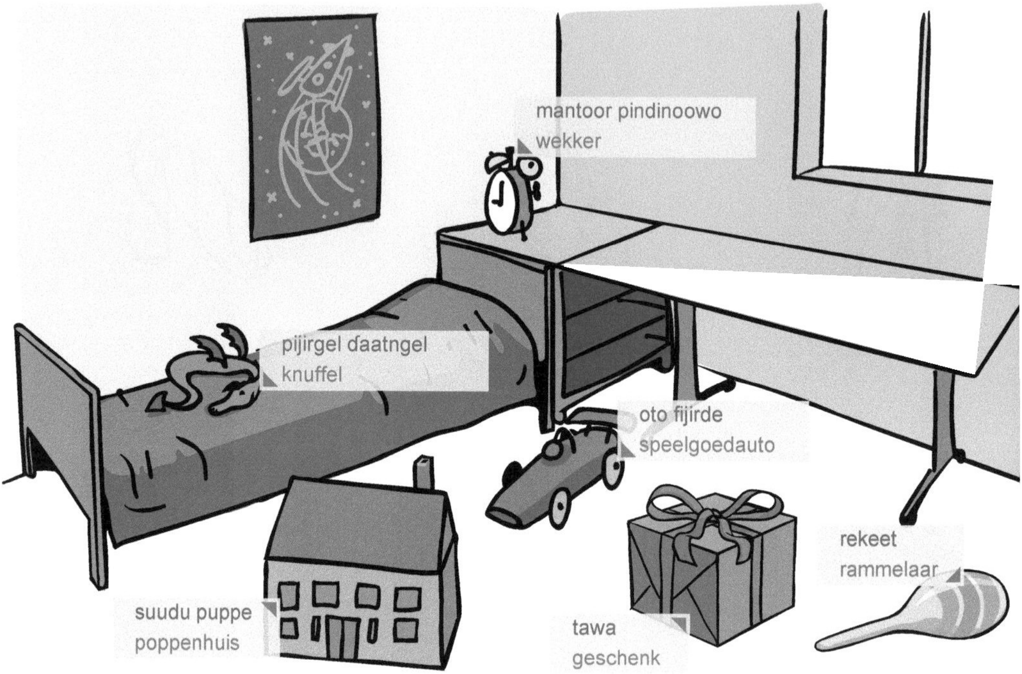

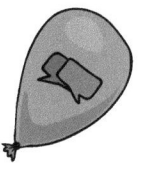

balooŋ
ballon

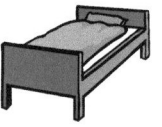

lelnde
bed

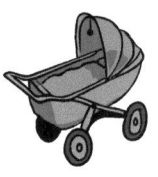

puus puus
kinderwagen

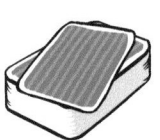

taabal karte
spel kaarten

juwirgal
puzzel

SUPER MEGA

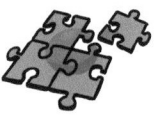

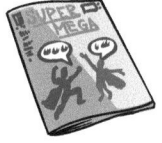

jalnii
stripboek

tuufeeje lego

legoblokjes

kaaÿe maadi

blokken

pijirgel suka

actiefiguur

wutte suka

kruippakje

mbiifu

frisbee

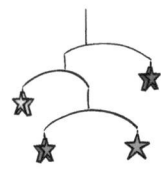

noddirgel

mobiel

fijirde alluwal

bordspel

dee

dobbelsteen

tereŋ jahiroowo batiri

modelspoorweg

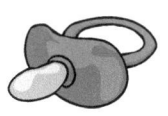

ɗaayɗo

fopspeen

hiirde

feest

deftere natte

prentenboek

bal

bal

puppe

pop

fij

spelen

ngaska leydi

zandbak

yirlude

schommel

pijirɗe

speelgoed

fijirde widoo peley

spelconsole

biifi tati

driewieler

uluundu pijirgel

knuffelbeer

woliis

kleerkast

kleding

kawaseeje

sokken

baardinirɗi

kousen

dogirɗi

maillot

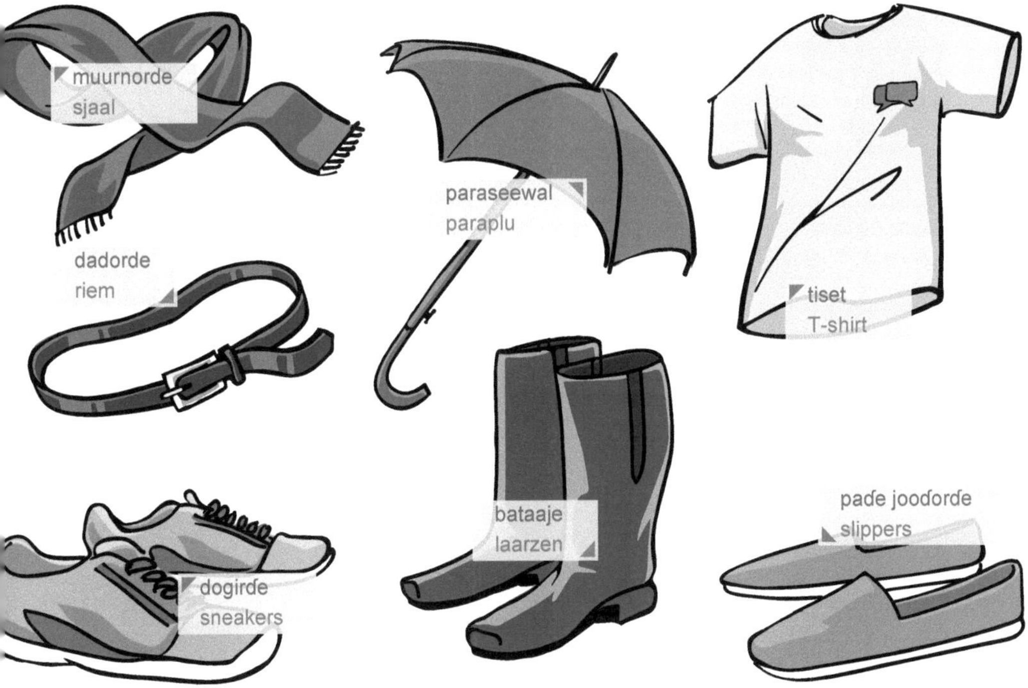

muurnorde
sjaal

paraseewal
paraplu

tiset
T-shirt

dadorde
riem

bataaje
laarzen

pade joodorde
slippers

dogirde
sneakers

caraax
....
sandalen

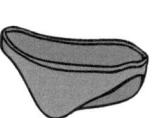

pade
....
schoenen

bataaje dalli
....
rubberlaarzen

cakkirđi
....
onderbroek

site ŋoos
....
beha

weste
....
onderhemd

ɓandu
lichaam

tuuba
broek

jiin
jeans

sippu
rok

buluus
blouse

wuttel
hemd

piliweer
trui

njallaaba
capuchontrui

balaseer suka
blazer

jakett
jas

sabandoor
jas

wutte toɓo
regenjas

kossim
kostuum

robbo
jurk

wutte cuddungu
trouwjurk

cakkirɗo

pak

robbo baaldudo

nachthemd

baaluɗi

pyjama

sari

sari

fiilorde

hoofddoek

kaala

tulband

misoor

boerka

haftan

kaftan

abaaye

abaya

lumborɗo

badpak

ledɗe

zwembroek

kilooti

short

dewirɗi

trainingspak

aparooŋ

schort

kawase

handschoenen

nebbu
knoop

lone
bril

jawo
armband

cakka
ketting

feggere
ring

hootonde
oorbel

laafa
pet

jaggirgal sabandoor
kapstok

kufna
hoed

karwaat
das

korsude
rits

tengaade
helm

jawe
bretellen

wutte janirɗo
schooluniform

dadorɗo
uniform

nappu suka
slabbetje

ɗaayɗo
fopspeen

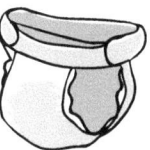

fooftini
luier

carwoowo
server

nokku bindirɗo
dossierkast

ialtinoowo

kaayit
papier

peewnoowo
monitor

doomburu
muis

bindirgal
tenbord

ordinateer
computer

toel

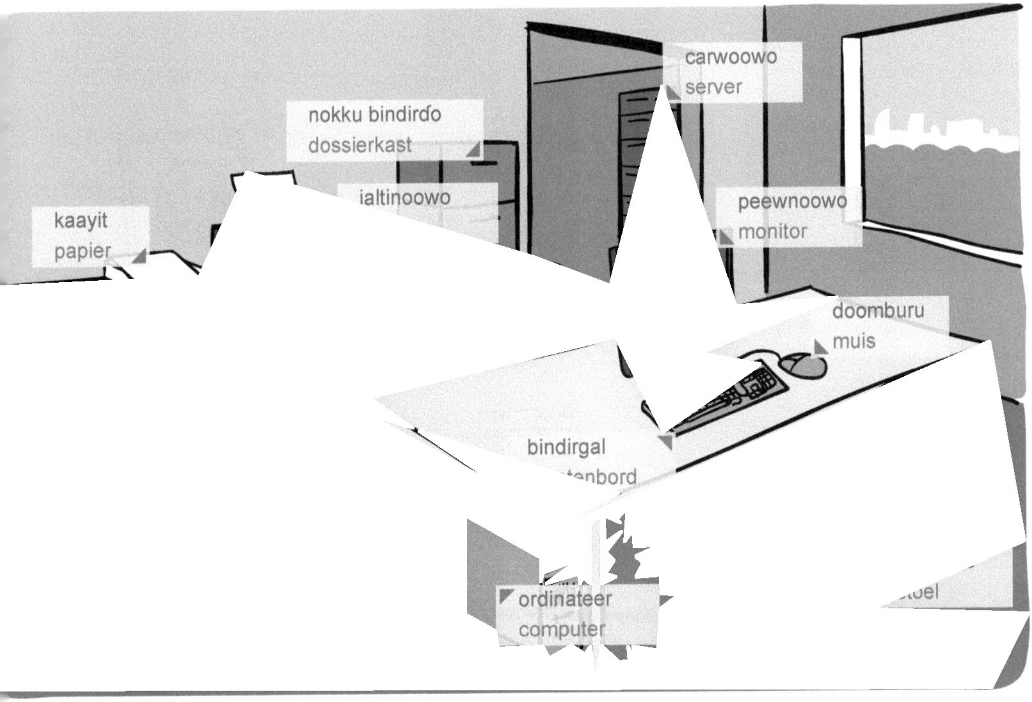

koppu kafe
koffiemok

tongirde
rekenmachine

enternet
internet

ordinateer

laptop

bataake kaayit

brief

bataake

bericht

noddirgel

gsm

jokkondiral

netwerk

nandinoowo

kopieerapparaat

kuutorgel

software

noddirgel

telefoon

piriis

stopcontact

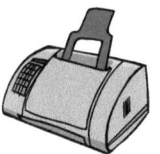

masiŋ faksii

fax

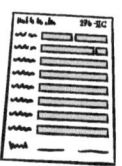

sifaa

formulier

kaayit

document

sood

kopen

yoɓ

betalen

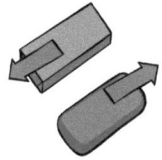

yeey

handelen

kaalis

geld

dolaar

dollar

oro

euro

yeen

yen

ruubal

roebel

siiwis farayse

Zwitserse frank

yuwaan renminbi

Chinese renminbi

ruppii

roepie

nokku ngalu

geldautomaat

nokku beccirɗo

wisselkantoor

kaŋe

goud

kaalis

zilver

peteroŋ

olie

doole

energie

coggu

prijs

jokkondiral

contract

lempo

belasting

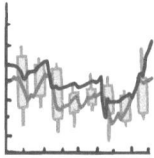

jeyii

aandeel

liggo

werken

liggotooɗo

werknemer

ligginoowo

werkgever

isin

fabriek

yeeyirde

winkel

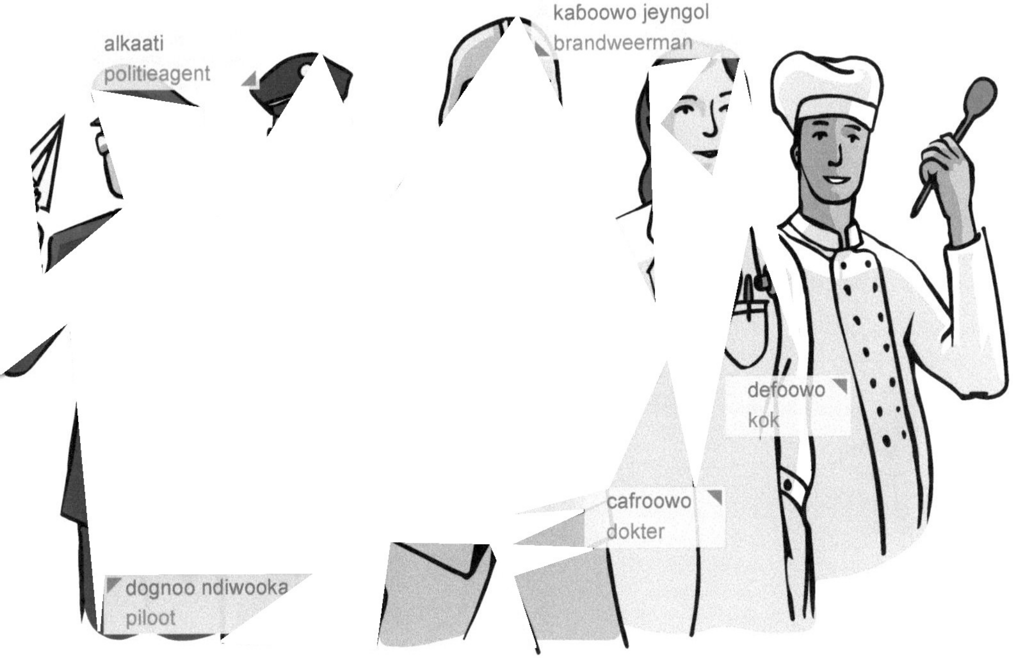

alkaati
politieagent

kaboowo jeyngol
brandweerman

defoowo
kok

cafroowo
dokter

dognoo ndiwooka
piloot

mooftoowo
tuinman

meniise
timmerman

gawoowo debbo
naaister

ñaawoowo
rechter

simiyanke
chemicus

aktoor
acteur

diirnoowo biis

buschauffeur

diirnoowo taksi

taxichauffeur

gawoowo

visser

debbo pittoowo

schoonmaakster

biloowo

dakdekker

carwoowo

ober

baañoowo

jager

diidoowo

schilder

piyoo mburu

bakker

peewnoo jeyngol

elektricien

mahoowo

bouwvakker

eseñoor

ingenieur

buusee

slager

polombiyee

loodgieter

neɗɗo posto

postbode

soldaat
soldaat

arsitekte
architect

ngaluyanke
kassier

leđđeyanke
bloemist

mooroowo
kapper

diirnoowo
conducteur

peenoowo jamđe
mecanicien

gardiiđo
kapitein

safroowo ñiiÿe
tandarts

gando
wetenschapper

babbiin
rabbijn

almaami
imam

muwaan
monnik

neđđo alla
geestelijke

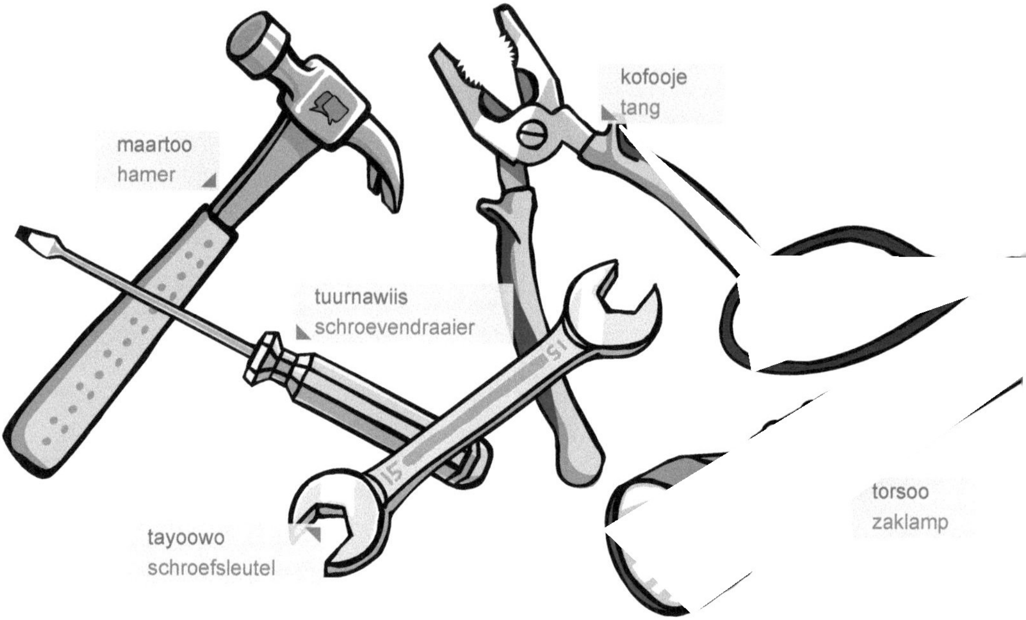

maartoo
hamer

kofooje
tang

tuurnawiis
schroevendraaier

tayoowo
schroefsleutel

torsoo
zaklamp

ngasirdi

graafmachine

suudu kuutorde

gereedschapskoffer

seel

ladder

siiy

zaag

pontooje

spijkers

yuwirde

boormachine

feewnit

repareren

nokkirde

schop

sooot

Verdomme!

peel

blik

pot diidirɗo

verfpot

wiisuuji

schroeven

muziekinstrumenten

buuba
drumstel ◢

nikoro
luidspreker

gitaar
gitaar ◢

◤ dubal baas
contrabas

allaadu
trompet

piyaano

piano

ñaañooru

viool

baas

basgitaar

timpaan

pauk

bawɗi

trommels

bindirgal

keyboard

saksofooŋ

saxofoon

coolumbel

fluit

haaldude

microfoon

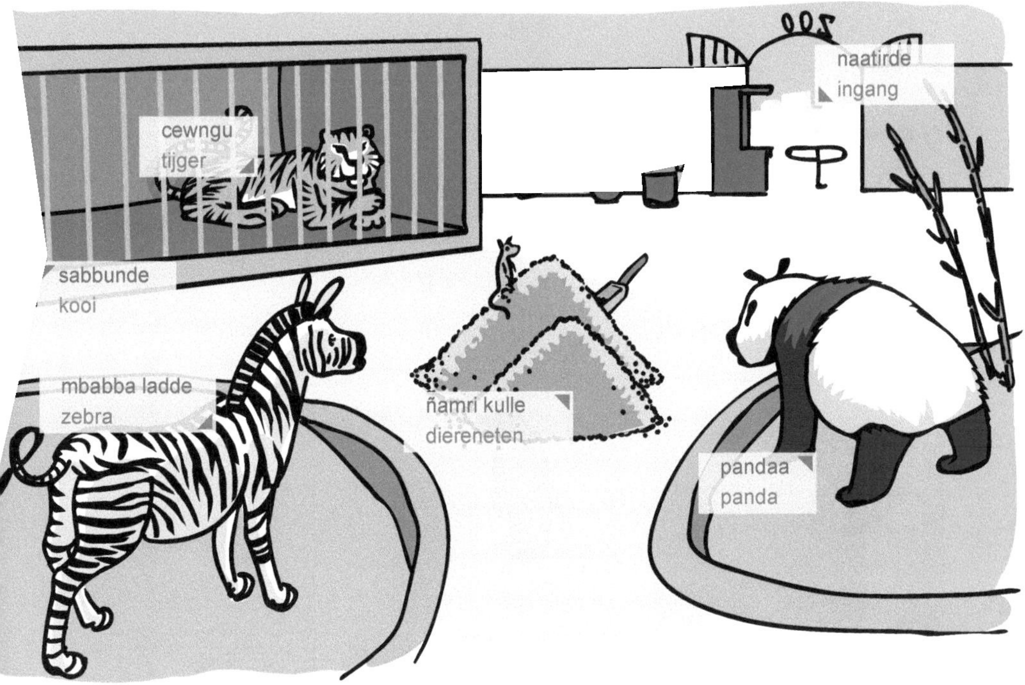

cewngu
tijger

naatirde
ingang

sabbunde
kooi

mbabba ladde
zebra

ñamri kulle
diereneten

pandaa
panda

kulle

dieren

ñiiwa

olifant

kanguruu

kangoeroe

liwoongu

neushoorn

waandu

gorilla

fowru

beer

ngelooba

kameel

jaawagal

struisvogel

mbaroodi

leeuw

golo

aap

ñaarpural

flamingo

seku

papegaai

fowru nees

ijsbeer

peŋwee

pinguïn

reke

haai

ngoriyal

pauw

mboddi

slang

nooro

krokodil

deenoowo kulle

dierenverzorger

liingu

zeehond

cewngu

jaguar

molel puccu

pony

cewlu

luipaard

ngabu

nijlpaard

ñamala

giraffe

ciilal

adelaar

fowru

wild zwijn

liingu

vis

heende

zeeschildpad

morsee

walrus

daga

vos

lella

gazelle

fugu koyngel Amarik
rugby

welo
wielrennen

teniis
tennis

basket
basketbal

lumbaade
zwemmen

bokse
boksen

okey e galaas
ijshockey

fugu koyngel
voetbal

badminton
badminton

dogduuji
atletiek

fugu jungo
handbal

eskiiy
skiën

polo
polo

diw
springen

jal
lachen

uurno
knuffelen

yah
wandelen

yim
zingen

hoyđu
dromen

juul
bidden

ɓuuco
kussen

windu

schrijven

diid

tekenen

hollu

tonen

duñ

duwen

rokku

geven

naw

nemen

jogo

hebben

waď

doen

won

zijn

daro

staan

dog

lopen

ittu

trekken

weddo

gooien

yan

vallen

fen

liggen

fad

wachten

naw

dragen

jooďo

zitten

boorno

aankleden

ďaano

slapen

finn

ontwaken

ndaar

kijken naar

woy

wenen

fiiy

aaien

koomu

kammen

haal

praten

faam

begrijpen

naamdo

vragen

hetto

luisteren

yar

drinken

ñaam

eten

haɓɓu

opruimen

yiɗ

houden van

def

koken

diirnu

rijden

diw

vliegen

awyu

zeilen

lim

rekenen

jangu

Lezen

jangu

leren

liggo

werken

res

trouwen

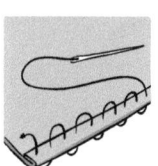

aaw

naaien

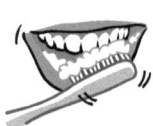

boris ñiiÿe

tandenpoetsen

war

doden

simmo

roken

neldu

sturen

iraaɗo debbo
otmoeder

taaniraaɗo gorko
grootvader

baaba
vader

yumma
moeder

tiggu
baby

biɗɗo debbo
dochter

biɗɗo gorko
zoon

koɗo

gast

gogo

tante

kaawiraaɗo

oom

mawniraaɗo gorko

broer

mawniraaɗo debbo

zus

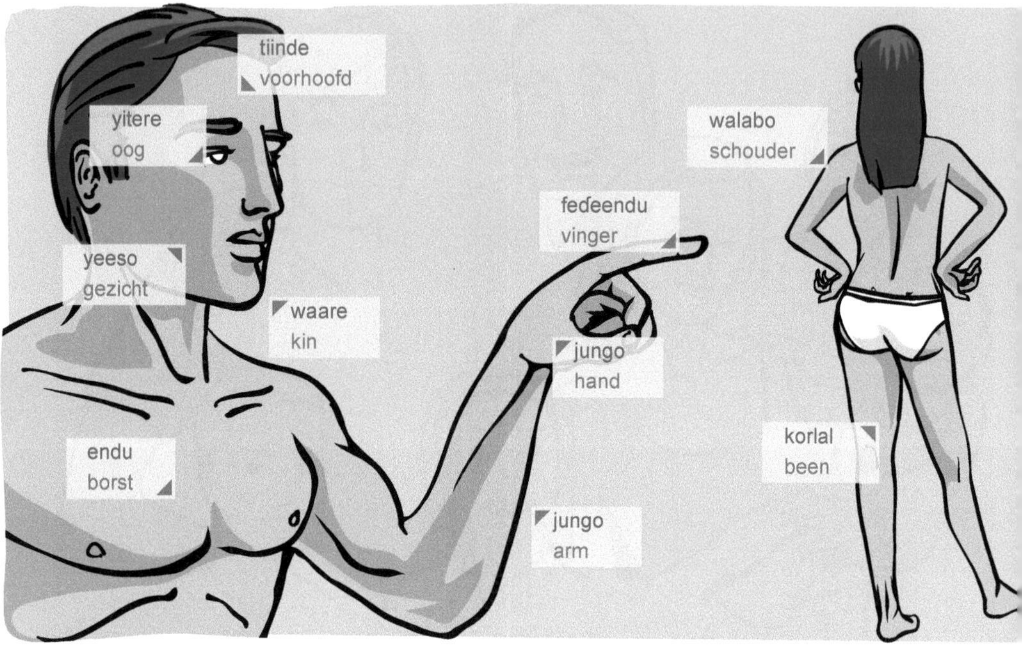

tiinde
voorhoofd

yitere
oog

walabo
schouder

fedeendu
vinger

yeeso
gezicht

waare
kin

jungo
hand

endu
borst

korlal
been

jungo
arm

tiggu

baby

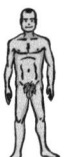

gorko

man

debbo

vrouw

debbo

meisje

gorko

jongen

hoore

hoofd

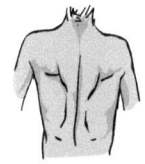

keeci
rug

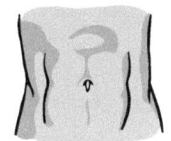

reedu
buik

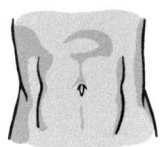

wudduru
navel

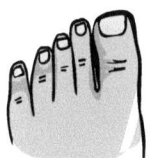

feɗeendu
teen

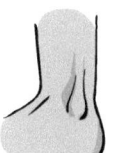

njaaɓordi
hiel

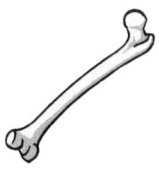

ÿiyal
bot

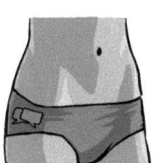

buhal
heup

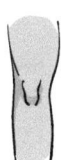

hofru
knie

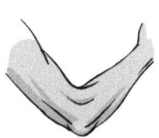

fooŋturu
elleboog

hinere
neus

gaɗa
zitvlak

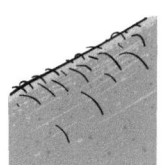

nguru
huid

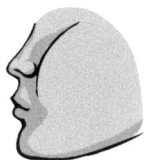

aɓɓuko
wang

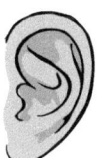

nofru
oor

tondu
lip

hunuko

mond

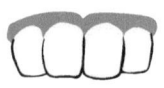

ñiire

tand

ɗemngal

tong

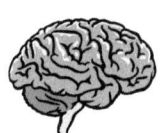

ngaandi

hersenen

ɓernde

hart

ÿiye

spier

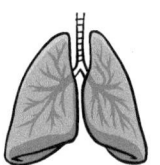

jofe

long

heeñere

lever

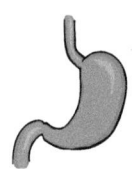

kuuse

maag

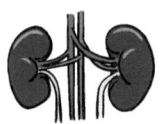

booÿe

nieren

leldaade

seks

kawasal

condoom

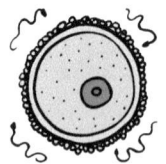

ɓoccoonde

eicel

maniiyu

sperma

cowagol

zwangerschap

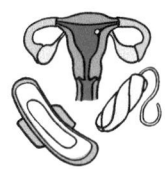

ella
....
menstruatie

kottu
....
vagina

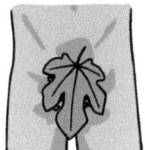

soolde
....
penis

leeɓol yitere
....
wenkbrauw

sukundu
....
haar

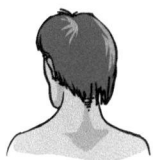

daande
....
nek

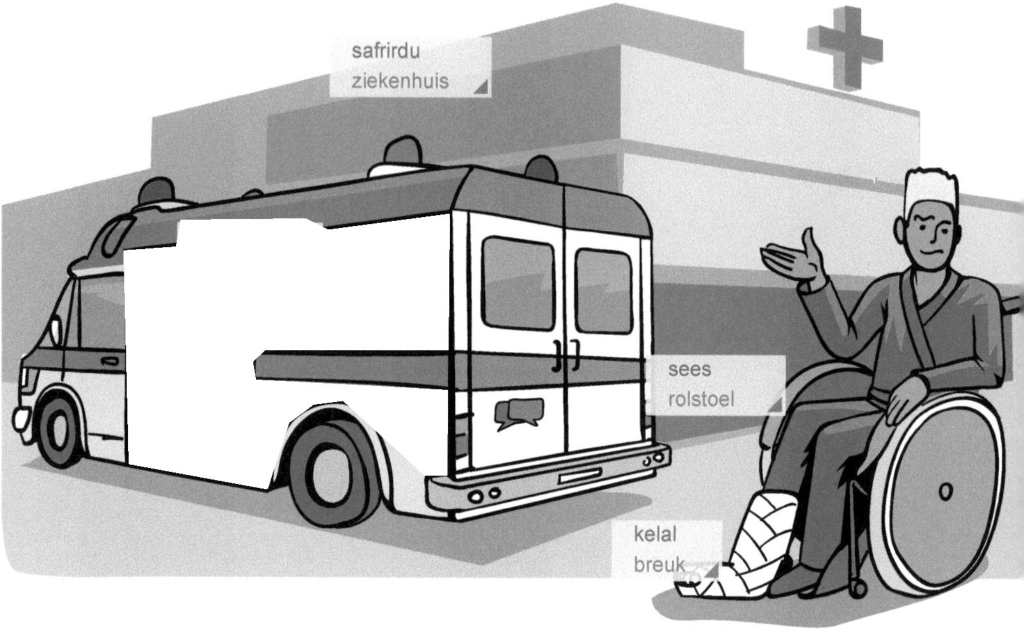

safrirdu
ziekenhuis

sees
rolstoel

kelal
breuk

cafroowo

dokter

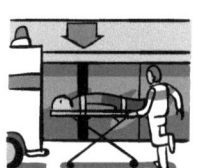

suudu heñaare

spoed

debbo cafroowo

verpleegkundige

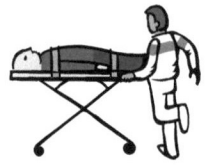

heñorde

noodgeval

wondaane hakkile

bewusteloos

muuseeki

pijn

gaañande

verwonding

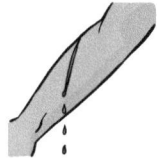

tuɗɗe ŷiiŷam

bloeding

muuseeki ɓernde

hartaanval

piigol

beroerte

nefo

allergie

ɗojjude

hoest

ɓandu wulooru

koorts

pali

griep

ndogu reedu

diarree

hoore muusoore

hoofdpijn

kaaseer

kanker

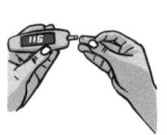

jabett

diabetes

oppiroowo

chirurg

jaggirdi

scalpel

oppeere

operatie

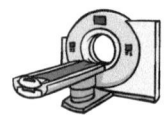

CT
CT

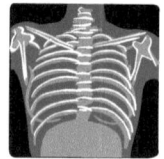

buuɗi x
röntgenstraal

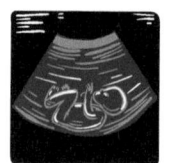

iltarasooŋ
ultrageluid

huurirdu yeeso
gezichtsmasker

rafi
ziekte

heblorde
wachtkamer

beeke
kruk

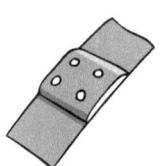

tabak
pleister

bandaas
verband

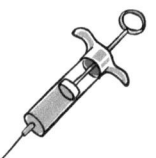

pinggu
injectie

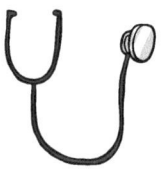

estetoskop
stethoscoop

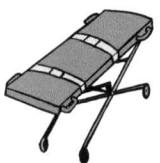

pooɗoowo
brancard

termomeeter safrirdu
thermometer

jibinande
geboorte

ɓuttidgol
overgewicht

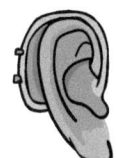

ballal nanirɗe

hoorapparaat

labbinoowo

ontsmettingsmiddel

raaɓo

infectie

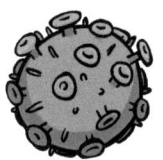

wiriis

virus

SIDAA

HIV / AIDS

lekki

medicijn

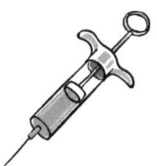

ñakko

vaccinatie

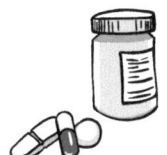

poɗɗe

tabletten

foɗɗere

pil

noddaango heñiingo

noodoproep

ÿeewtorde yaadu ÿiiyam

bloeddrukmeter

faawŋi / selli

ziek / gezond

Ballal
Help!

pindinoowo
alarm

njangu
overval

raaŋande
aanval

boomre
gevaar

yaltirde yaawnde
nooduitgang

Jeyngol
Brand!

ñifoowo jeyngol
brandblusser

aksida
ongeval

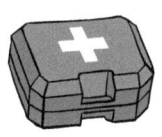

saawdu safaara gadano
EHBO-kit

SOS
SOS

poliis
politie

Orop

Europa

Amarik Rewo

Noord-Amerika

Amarik Worgo

Zuid-Amerika

Afirik

Afrika

Aasi

Azië

Ostaraali

Australië

Atalantik

Atlantische Oceaan

Pasifik

Stille Oceaan

Maayo Endo

Indische Oceaan

Maayo Antarkatik

Antarctische Oceaan

Maayo Arkatik

Arctische Oceaan

Baŋe Rewo

Noordpool

Baŋe Worgo

Zuidpool

Antarkatik

Antarctica

Leydi

aarde

leydi

land

maayo

zee

siire

eiland

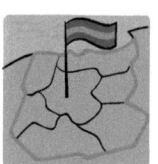

wuro

natie

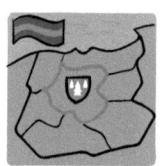

laamu

staat

yeeso waktu

wijzerplaat

jungo waktu

uurwijzer

jungo hojoma

minuutwijzer

jungo majaango

secondewijzer

hol waktu?

Hoe laat is het?

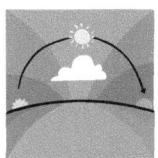

ñalawma

dag

saha

tijd

jooni

nu

mantoor nattoowo

digitale horloge

hojoma

minuut

waktu

uur

week

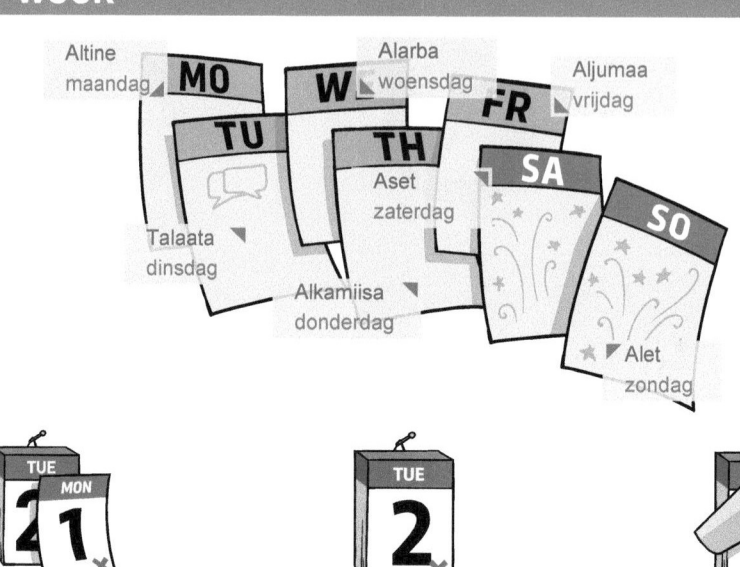

hanki
gisteren

hande
vandaag

jango
morgen

subaka
ochtend

ñalawma
middag

kikiiɗe
avond

MO	TU	WE	TH	FR	SA	SU
1	2	3	4	5	6	7
8	9	10	11	12	13	14
15	16	17	18	19	20	21
22	23	24	25	26	27	28
29	30	31	1	2	3	4

biir
werkdagen

ñalɗi
weekend

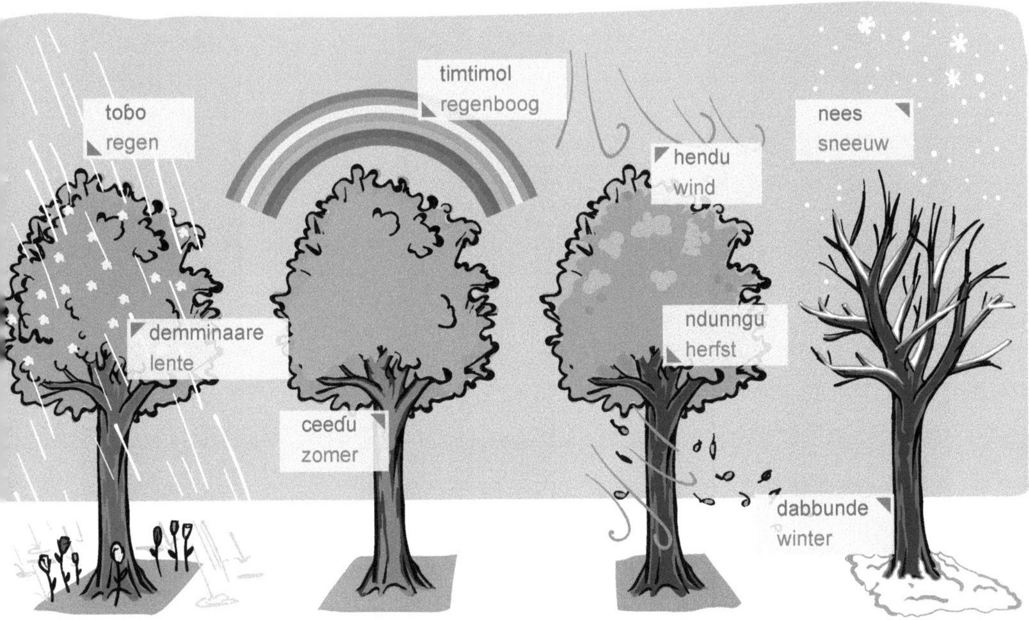

timtimol
regenboog

tobo
regen

nees
sneeuw

hendu
wind

demminaare
lente

ndunngu
herfst

ceeɗu
zomer

dabbunde
winter

4.APRIL	11°	☀
5.APRIL	4°	☁
6.APRIL	13°	⛆
7.APRIL	8°	❄
8.APRIL	10°	☀

kabaaru weeyo
....
weervoorspelling

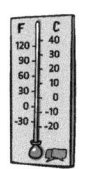

termomeeter
....
thermometer

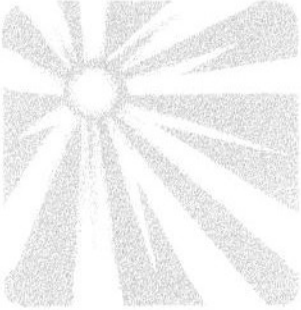

naaŋini
....
zonneschijn

ruulde
....
wolk

cuurki
....
mist

uddeende
....
vochtigheid

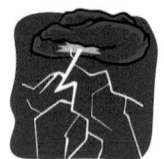

majje

bliksem

gidaango

donder

hendu

storm

huɗɗni

hagel

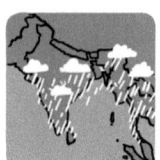

ruuldini

moesson

waame

overstroming

nees

ijs

Siilo

januari

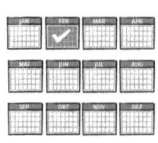

Colte

februari

Mbooy

maart

Seeɗto

april

Duuyal

mei

Korse

juni

Morse

juli

Juko

augustus

Siilto
....
september

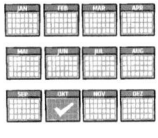

Yarkoma
....
oktober

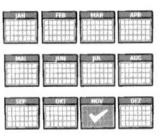

Jolal
....
november

Bowte
....
december

vormen

taarto
....
cirkel

yaajeendi
....
kwadraat

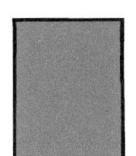

yaajo
....
rechthoek

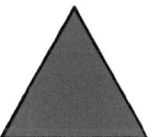

saraandi
....
driehoek

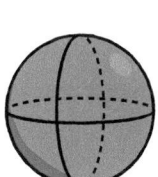

mbiifu
....
bol

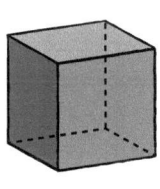

kiibb
....
kubus

daneejo

wit

oolo

geel

oraas

oranje

roos

roze

boɗeejo

rood

mboongu

paars

bulaajo

blauw

werte

groen

cooyo

bruin

puro

grijs

ɓaleejo

zwart

heewi / seeɗa

veel / weinig

seki / deeyi

boos / kalm

yooɗi / soofi

mooi / lelijk

fuuɗorde / gasirde

begin / einde

mawɗo / tokooso

groot / klein

leeri / nibbiɗi

licht / donker

maniraaɗo / miñiraaɗo

broer / zus

laaɓi / tunwi

proper / vuil

timmi / manki

volledig / onvolledig

ñalawma / jamma

dag / nacht

maayi / wuuri

dood / levend

yaaji / faaɗi

breed / smal

nano / nanotaako
....

eetbaar / oneetbaar

boni / moÿÿi
....

kwaadaardig / vriendelijk

softi / yoomi
....

opgewonden / verveeld

ɓuttiɗi / sewi
....

dik / dun

adi / wattindi
....

eerst / laatst

sehil / gaño
....

vriend / vijand

heewi / ɓolɗi
....

vol / leeg

muusi / weeɓi
....

hard / zacht

teddi / hoyi
....

zwaar / licht

heege / ɗomka
....

honger / dorst

faawŋi / selli
....

ziek / gezond

wona laawol / laawol
....

illegaal / legaal

feerti / muddiɗi
....

intelligent / dom

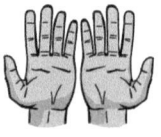

nano / ñaamo
....

links / rechts

ɓatti / woɗɗi
....

dichtbij / veraf

keso / kiiɗɗo

nieuw / gebruikt

ndiga / huunde

niets / iets

nayeejo / suka

oud / jong

huɓɓi / ñifii

aan / uit

uditi / uddii

open / dicht

deeÿi / dille

stil / luid

aldi / waasi

rijk / arm

goonga / fenaande

juist / fout

tiiɗi / nooyi

ruw / glad

metti / weli

droevig / blij

raɓɓidi / juuti

kort / lang

leeli / yaawi

traag / snel

leppi / yoori

nat / droog

wuli / ɓuuɓi

warm / koud

hare / jam

oorlog / vrede

0

ndiga

nul

1

gooto

één

2

ɗiɗi

twee

3

tati

drie

4

nay

vier

5

joy

vijf

6

jeegom

zes

7

jeeɗiɗi

zeven

8

jeetati

acht

9

jeenay

negen

10

sappo

tien

11

sappoy goo

elf

12

sappoy ɗiɗi

twaalf

13

sappoy tati

dertien

14

sappoy nay

veertien

15

sappoy joy

vijftien

16

sappoy jeegom

zestien

17

sappoy jeeɗiɗi

zeventien

18

sappoy jeetati

achtien

19

sappoy jeenay

negentien

20

noogaas

twintig

100

teemedere

honderd

1.000

ujunere

duizend

1.000.000

miliyooŋ

miljoen

Aŋale
....
Engels

Aŋale Amarik
....
Amerikaans Engels

Mandare Siinaaɓe
....
Chinees (Mandarijn)

Hindi
....
Hindi

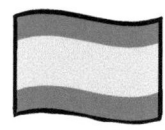

Españool
....
Spaans

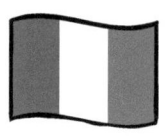

Farayse
....
Frans

Arab
....
Arabisch

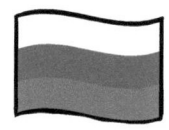

Riis
....
Russisch

Portigees
....
Portugees

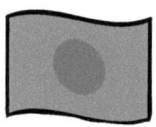

Bengali
....
Bengali

Almaa
....
Duits

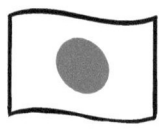

Sapponee
....
Japans

miin
....
ik

an
....
u

♂ ♀ ○

kanko / kanko / kanum
....
hij / zij / het

minen
....
wij

onon
....
u

kamɓe
....
ze

holoon?
....
wie?

holɗuum?
....
wat?

holnoon?
....
hoe?

holtoon?
....
waar?

mande?
....
wanneer?

HELLO, I AM

inde
....
naam

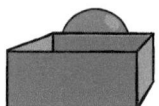

caggal

achter

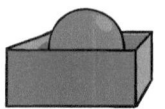

nder

in

sawndo

voor

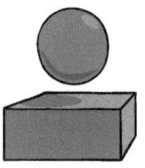

dow

boven

e

op

les

onder

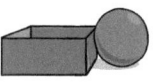

sara

naast

hakkunde

tussen

nokku

plaats

教室
sala de aulas

校园
pátio da escola

老师
professor

书写
escrever

纸
papel

办公桌
secretária

直尺
régua

书
livro

学生
aluno

...la

铅笔盒
estojo de lápis

铅笔
lápis

...is

橡皮擦
borracha

画板
bloco de desenho

学校 - escola

Impressum
Verlag: BABADADA GmbH, Nedderfeld 112 , 22529 Hamburg
Geschäftsführer / Verlagsleitung: Harald Hof
Druck: Books on Demand GmbH, In de Tarpen 42, 22848 Norderstedt

Imprint
Publisher: BABADADA GmbH, Nedderfeld 112 , 22529 Hamburg, Germany
Managing Director / Publishing direction: Harald Hof
Print: Books on Demand GmbH, In de Tarpen 42, 22848 Norderstedt, Germ

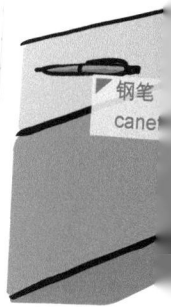

钢笔
cane

书
moc

卷笔
afia-lá

图画

desenho

画笔

pincel

颜料盒

caixa de tintas

剪刀

tesoura

胶水

cola

练习册

livro de exercícios

家庭作业

trabalhos de casa

数字

número

2+2

加

somar

5-2

减

subtrair

2×2

乘

multiplicar

计算

calcular

A

字母

letra

ABCDEFG HIJKLMN OPQRSTU VWXYZ

字母表

alfabeto

hello

字

palavra

课文

texto

读

ler

粉笔

giz

上课

hora

登记

registo de presenças

考试

exame

证书

certificado

校服

uniforme escolar

教育

educação

百科全书

enciclopédia

大学

universidade

显微镜

microscópio

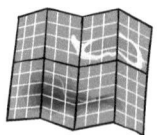

地图

mapa

废纸筐

cesto de lixo

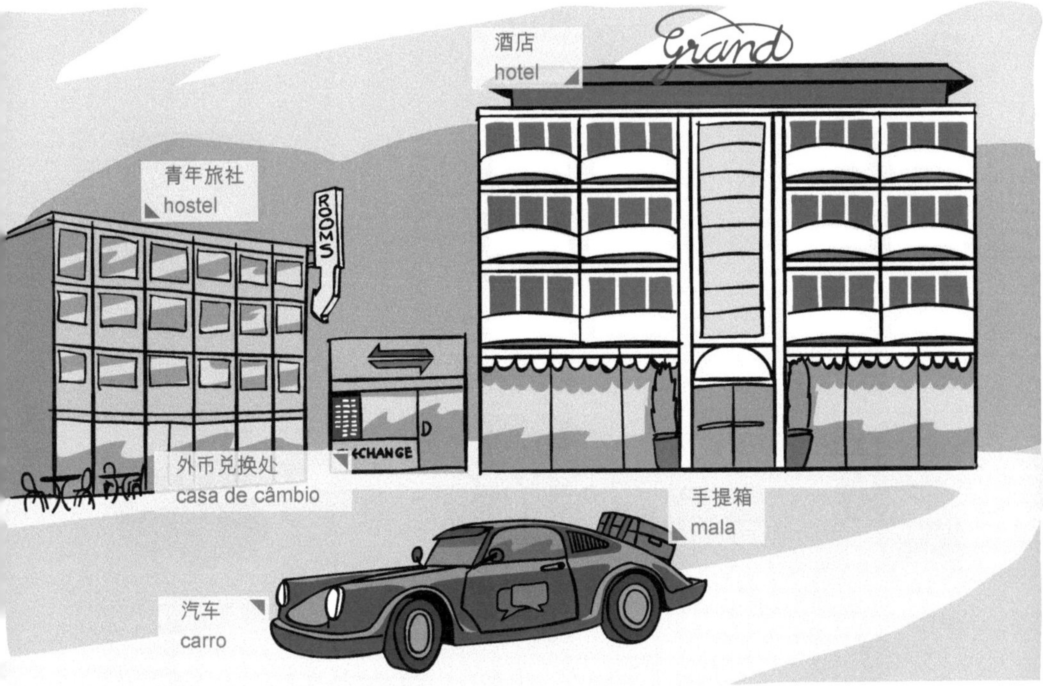

酒店
hotel
Grand
青年旅社
hostel
ROOMS
外币兑换处
casa de câmbio
EXCHANGE
手提箱
mala
汽车
carro

语言

idioma

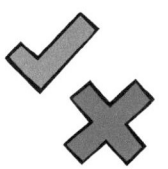

是/否

sim / não

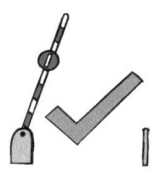

好的

ok / certo / correto

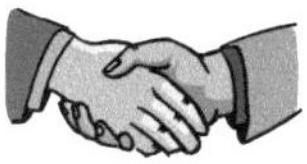

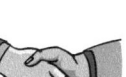

您好

olá

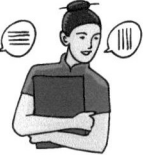

翻译员

intérprete

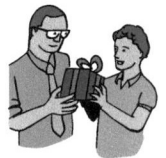

谢谢

obrigado

……多少钱？

quanto é que custa... ?

我不明白

não entendo

问题

problema

晚上好！

boa noite!

早上好！

Bom dia!

晚安！

Boa noite!

再见

adeus

方向

direção

行李

bagagem

包

saco

双肩包

mochila

客人

convidado

房间

quarto

睡袋

saco-cama

帐篷

tenda

旅游信息

informação turística

海滩

praia

信用卡

cartão de crédito

早餐

pequeno-almoço

午餐

almoço

晚餐

jantar

票

bilhete

电梯

elevador

邮票

selo postal

边界

fronteira

海关

alfândega

大使馆

embaixada

签证

visto

护照

passaporte

旅行 - viagem

船
▶ navio

飞机
avião

消防车
▶ carro de bombeiros

卡车
camião

公交车
autocarro

汽艇
barco a motor

自行车
bicicleta

汽车
carro

摆渡船
cacilheiro

小船
barco

摩托车
mota

警车
carro de polícia

赛车
carro de corrida

租车
carro alugado

拼车
carsharing

拖车
camião de reboque

垃圾车
camião do lixo

发动机
motor

汽油
combustível

加油站
estação de serviço

交通标志
sinal de trânsito

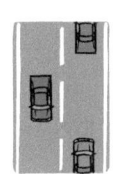

交通
trânsito

交通堵塞
congestionamento de
trânsito

停车场
parque de estacionamento

火车站
estação ferroviária

轨道
carris

火车
comboio

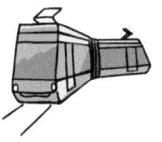

电车
elétrico

货车
carruagem

交通运输 - transporte

直升机
helicóptero

机场
aeroporto

塔
torre

乘客
passageiro

集装箱
contentor

纸板箱
caixa de papelão

手推车
carrinho

篮子
cesto

起飞/降落
levantar voo / aterrar

cidade

村庄
aldeia

市中心
centro da cidade

房子
casa

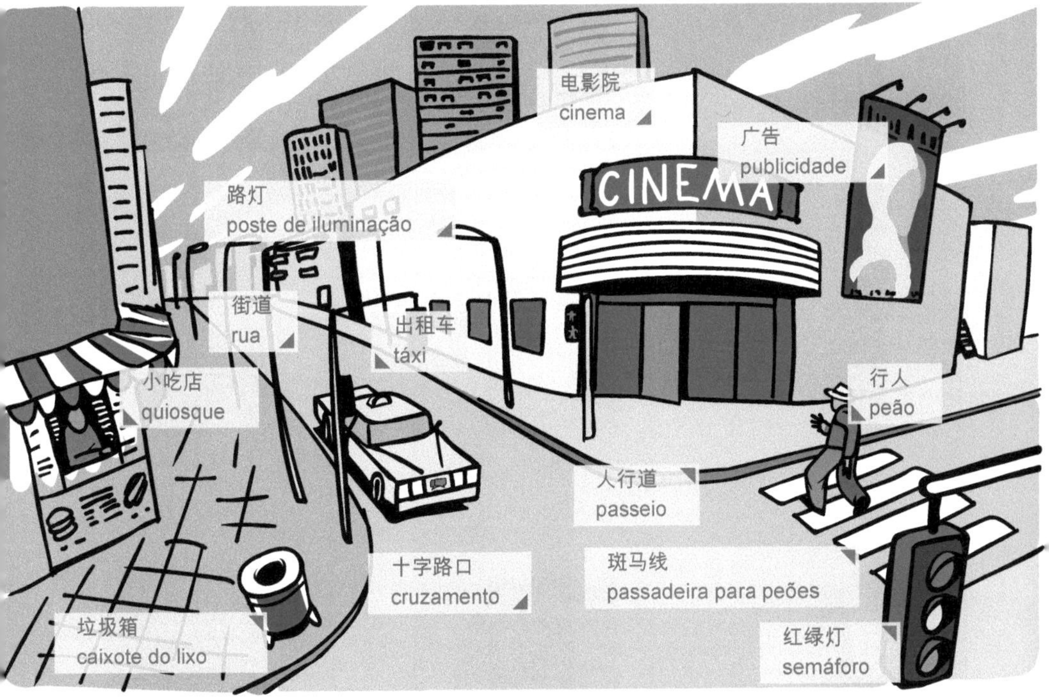

电影院
cinema
广告
publicidade
CINEMA
路灯
poste de iluminação
街道
rua
出租车
táxi
小吃店
quiosque
行人
peão
人行道
passeio
十字路口
cruzamento
斑马线
passadeira para peões
垃圾箱
caixote do lixo
红绿灯
semáforo

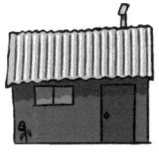

小屋

cabana

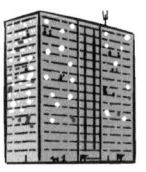

公寓

apartamento

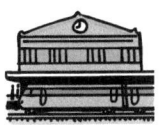

火车站

estação ferroviária

市政厅

câmara municipal

MUSEUM

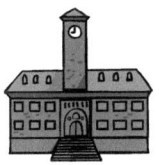

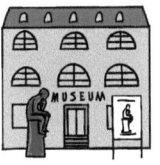

博物馆

museu

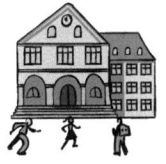

学校

escola

大学

universidade

银行

banco

医院

hospital

酒店

hotel

药房

farmácia

办公室

escritório

书店

livraria

商店

loja

花店

florista

超市

supermercado

市场

mercado

百货商店

loja de departamentos

鱼店

peixaria

购物中心

centro comercial

海港

porto

公园

parque

长凳

banco

桥

ponte

楼梯

escadas

地铁

metro

隧道

túnel

公交车站

paragem de autocarro

酒吧

bar

餐馆

restaurante

邮筒

caixa de correio

路标

sinal de trânsito

停车计时器

parquímetro

动物园

jardim zoológico

游泳馆

piscina

清真寺

mesquita

城市 - cidade

农场
quinta

污染
poluição

墓地
cemitério

教堂
igreja

操场
parque infantil

寺庙
templo

paisagem

树叶
folha

指示牌
placa de sinalização

路
caminho

草地
prado

石头
pedra

树
árvore

徒步旅行者
caminhantes

河
rio

草
relva

花
flor

峡谷

vale

山

montanha

湖

lago

森林

floresta

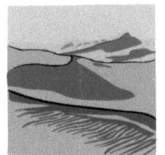

沙漠

deserto

火山

vulcão

城堡

castelo

彩虹

arco-íris

蘑菇

cogumelo

棕榈树

palma

蚊子

mosquito

苍蝇

mosca

蚂蚁

formiga

蜜蜂

abelha

蜘蛛

aranha

甲虫

besouro

青蛙

sapo

松鼠

esquilo

刺猬

ouriço

野兔

lebre

猫头鹰

coruja

鸟

pássaro

天鹅

cisne

野猪

javali

鹿

veado

麋鹿

alce

水坝

barragem

风力发电机

turbina eólica

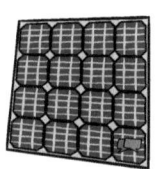

太阳能电池板

painel solar

气候

clima

服务员
empregado de mesa

菜单
menu

椅子
cadeira

汤
sopa

披萨饼
pizza

餐具
talheres

桌布
toalha de mesa

前菜
entrada

主菜
prato principal

甜点
sobremesa

饮料
bebidas

食物
comida

瓶子
garrafa

快餐

fast food

街边小吃

comida de rua

茶壶

bule de chá

糖盒

açucareiro

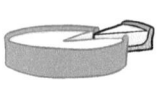

一份饭菜

porção

意式咖啡机

máquina de café expresso

高脚椅

cadeira alta

账单

conta

托盘

bandeja

刀

faca

餐叉

garfo

勺子

colher

茶匙

colher de chá

餐巾

guardanapo

玻璃杯

copo

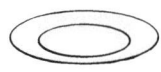

碟子

prato

汤盘

prato de sopa

碟子

pires

酱

molho

盐瓶

saleiro

胡椒磨

moinho de pimenta

醋

vinagre

食用油

óleo

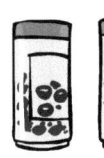

调味料

especiarias

番茄酱

ketchup

芥末

mostarda

蛋黄酱

maionese

supermercado

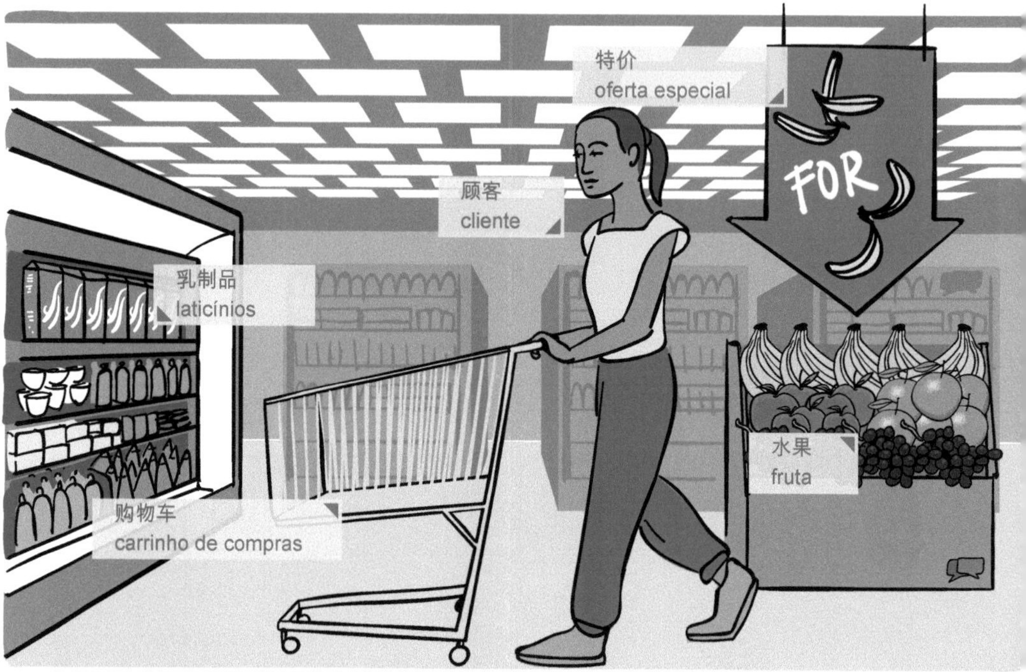

特价
oferta especial

顾客
cliente

乳制品
laticínios

水果
fruta

购物车
carrinho de compras

肉铺
talho

面包房
padaria

称重
pesar

蔬菜
vegetais

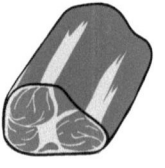

肉
carne

冷冻食品
alimentos congelados

冷盘

charcutaria

罐头食品

comida enlatada

洗衣粉

detergente em pó

甜食

doces

日用品

artigos domésticos

清洁用品

produtos de limpeza

销售员

vendedora

收银机

caixa

收银员

caixa

购物清单

lista de compras

开放时间

horário de funcionamento

钱包

carteira

信用卡

cartão de crédito

袋子

saco

塑料袋

saco de plástico

超市 - supermercado

21

bebidas

水

água

果汁

sumo

牛奶

leite

可乐

coca-cola

红酒

vinho

啤酒

cerveja

酒

álcool

可可

cacau

茶

chá

咖啡

café

意式浓缩咖啡

café expresso

卡布奇诺

capuccino

香蕉

banana

苹果

maçã

橙子

laranja

西瓜

melão

柠檬

limão

胡萝卜

cenoura

大蒜

alho

竹子

bambu

洋葱

cebola

蘑菇

cogumelo

坚果

nozes

面条

talharim

意大利面条

esparguete

米饭

arroz

沙拉

salada

薯条

batatas fritas

炸土豆

batatas fritas

披萨饼

pizza

汉堡包

hambúrguer

三明治

sanduíche

炸猪排

bife panado

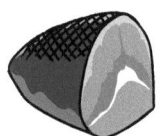

火腿

fiambre

萨拉米

salame

香肠

salsicha

鸡肉

galinha

烤肉

assado

鱼

peixe

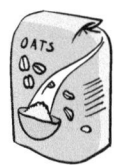

燕麦片

flocos de aveia

穆兹利

muesli

玉米片

flocos de milho

面粉

farinha

羊角面包

croissant

面包卷

carcaça (pãozinho)

面包

pão

烤面包

torrada

饼干

biscoitos

黄油

manteiga

凝乳

requeijão

蛋糕

bolo

蛋

ovo

煎蛋

ovo estrelado

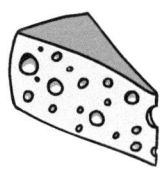

奶酪

queijo

冰激凌

gelado

糖

açúcar

蜂蜜

mel

果酱

compota

巧克力酱

creme de nougat

咖喱饭

caril

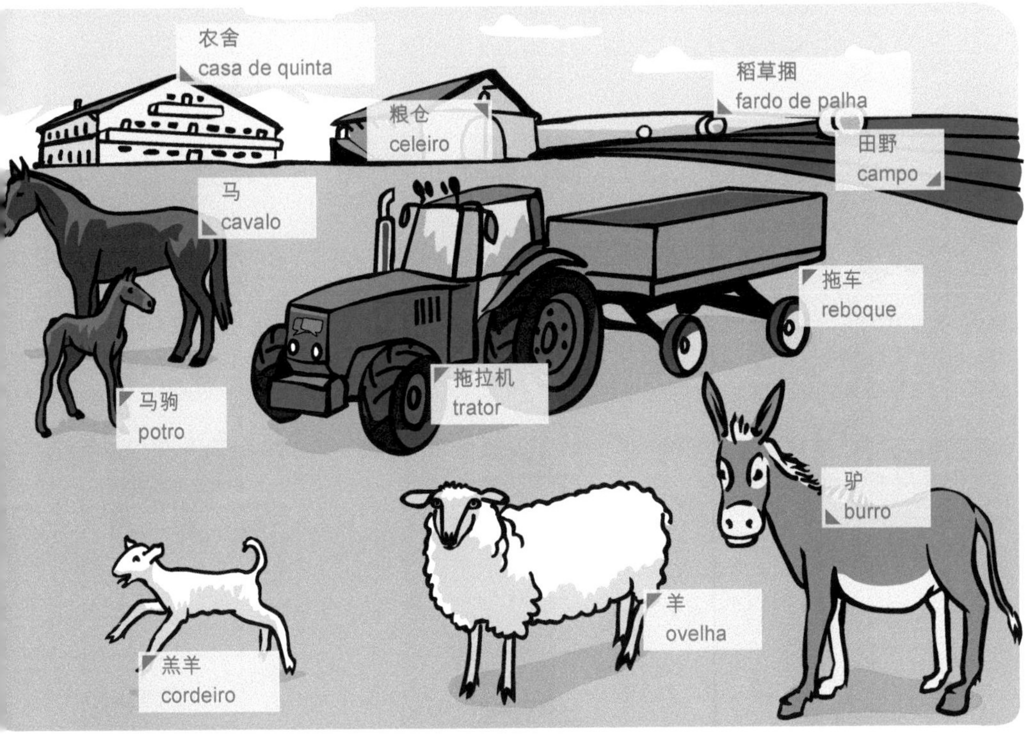

农舍
casa de quinta

粮仓
celeiro

稻草捆
fardo de palha

田野
campo

马
cavalo

拖车
reboque

拖拉机
trator

马驹
potro

驴
burro

羊
ovelha

羔羊
cordeiro

山羊

cabra

奶牛

vaca

牛犊

bezerro

猪

porco

小猪

leitão

公牛

touro

鹅

ganso

鸭

pato

小鸡

pintaínho

母鸡

galinha

公鸡

galo

鼠

ratazana

猫

gato

老鼠

rato

牛

boi

狗

cão

狗屋

casota

花园浇水软管

mangueira de jardim

洒水壶

regador

长柄大镰刀

foice

犁

arado

镰刀

foice

锄头

enxada

长柄草耙

forquilha

斧头

machado

独轮手推车

carrinho de mão

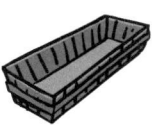

饲料槽

manjedoura

牛奶罐

jarro de leite

麻布袋

saco

栅栏

cerca

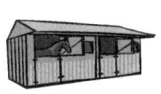

马厩

estábulo

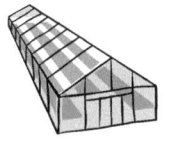

温室

estufa

土壤

solo

种子

semente

肥料

fertilizante

联合收割机

ceifeira-debulhadora

收割
colher

收割
colheita

山药
inhame

小麦
trigo

大豆
soja

土豆
batata

玉米
milho

油菜籽
colza

果树
árvore de fruto

树薯
mandioca

谷物
cereais

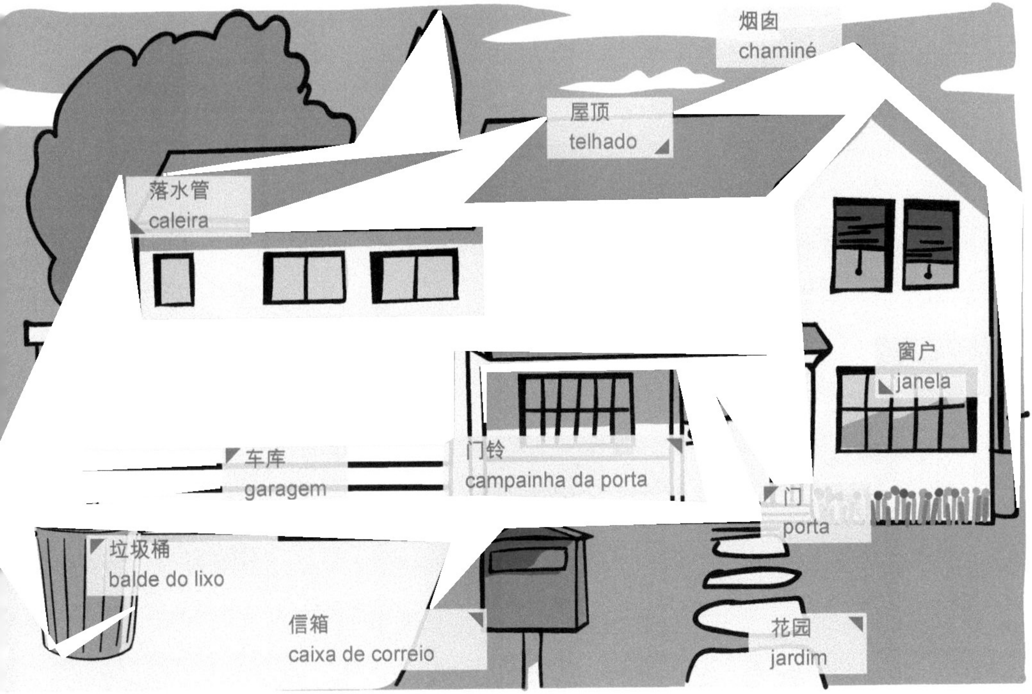

烟囱
chaminé

屋顶
telhado

落水管
caleira

窗户
janela

车库
garagem

门铃
campainha da porta

门
porta

垃圾桶
balde do lixo

信箱
caixa de correio

花园
jardim

客厅
sala de estar

浴室
casa de banho

厨房
cozinha

卧室
quarto de dormir

儿童房
quarto de criança

餐厅
sala de jantar

地板

chão

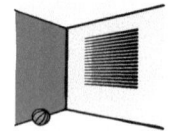

墙壁

parede

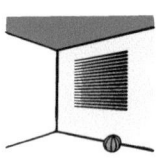

吊顶

teto

地窖

cave

桑拿

sauna

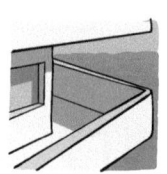

阳台

varanda

露台

terraço

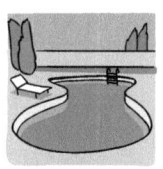

游泳池

piscina

割草机

máquina de cortar relvado

被单

lençol

床罩

cobertor

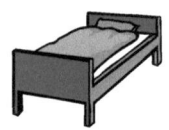

床

cama

扫帚

vassoura

水桶

balde

开关

interruptor

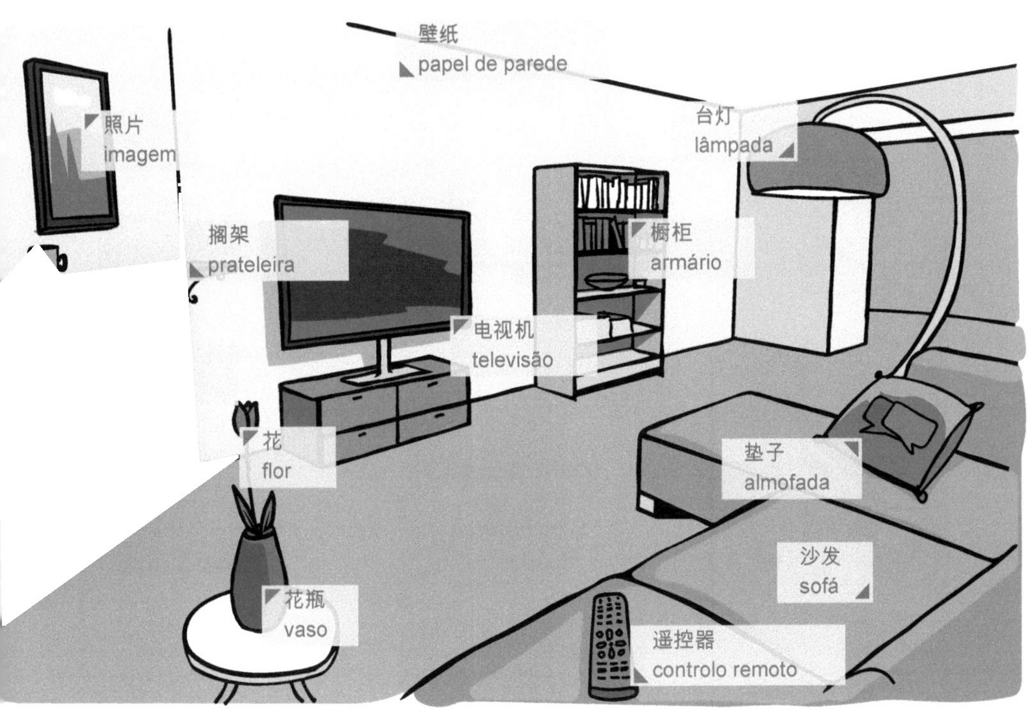

壁纸
papel de parede

照片
imagem

台灯
lâmpada

搁架
prateleira

橱柜
armário

电视机
televisão

花
flor

垫子
almofada

沙发
sofá

花瓶
vaso

遥控器
controlo remoto

地毯
tapete

窗帘
cortina

餐桌
mesa

椅子
cadeira

摇椅
cadeira de baloiço

扶手椅
poltrona

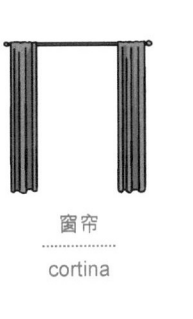

书

livro

毯子

cobertor

装饰品

decoração

木柴

lenha

电影

filme

高保真音响

sistema estéreo

钥匙

chave

报纸

jornal

油画

pintura

海报

póster

收音机

rádio

笔记本

bloco de notas

吸尘器

aspirador

仙人掌

cato

蜡烛

vela

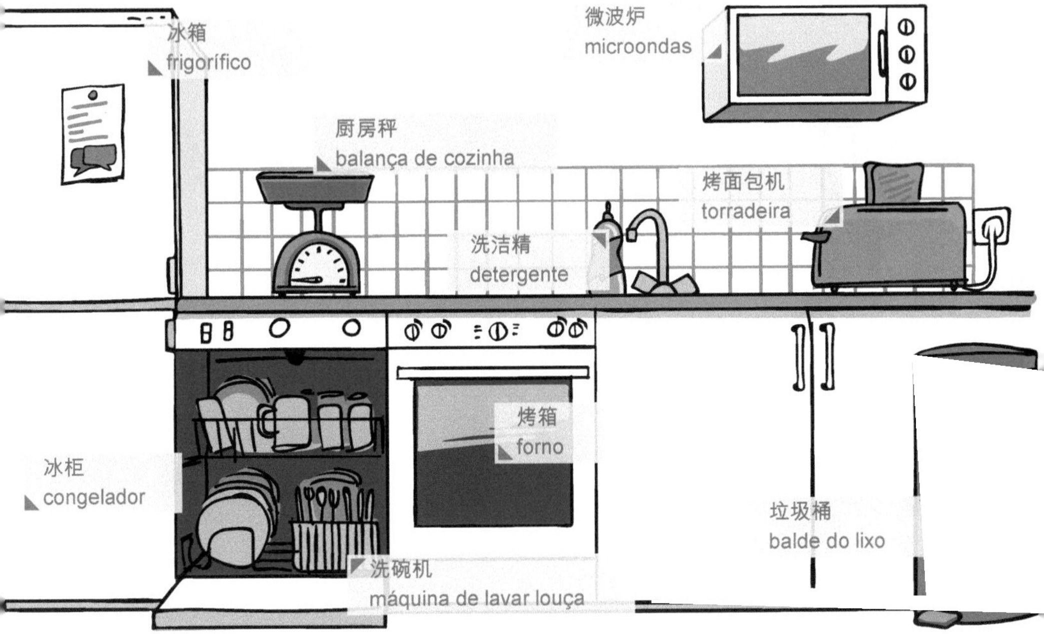

微波炉
microondas

冰箱
▶ frigorífico

厨房秤
▶ balança de cozinha

烤面包机
torradeira

洗洁精
detergente

烤箱
▶ forno

冰柜
▶ congelador

垃圾桶
balde do lixo

洗碗机
▶ máquina de lavar louça

炊具

fogão

锅

panela

铸铁锅

panela de ferro

炒锅

wok / kadai

平底锅

frigideira

水壶

chaleira

蒸锅

panela a vapor

烤盘

tabuleiro de forno

陶瓷锅

louça

马克杯

caneca

碗

tigela

筷子

pauzinhos

长柄勺

concha de sopa

铲子

espátula

搅拌器

batedor de claras

滤网

escorredor

筛子

peneira

磨碎机

ralador

研钵

almofariz

烧烤

churrasqueira

明火

lareira

菜板
tábua de cortar

擀面杖
rolo da massa

开瓶器
saca-rolhas

罐子
lata

开罐器
abridor de latas

隔热手套
luvas de forno

水槽
lava-loiça

刷子
escova

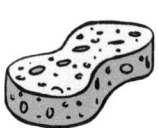

海绵
esponja

搅拌机
liquidificador

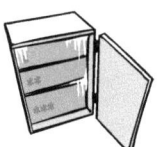

冷藏箱
arca frigorífica

奶瓶
biberão

水龙头
torneira

casa de banho

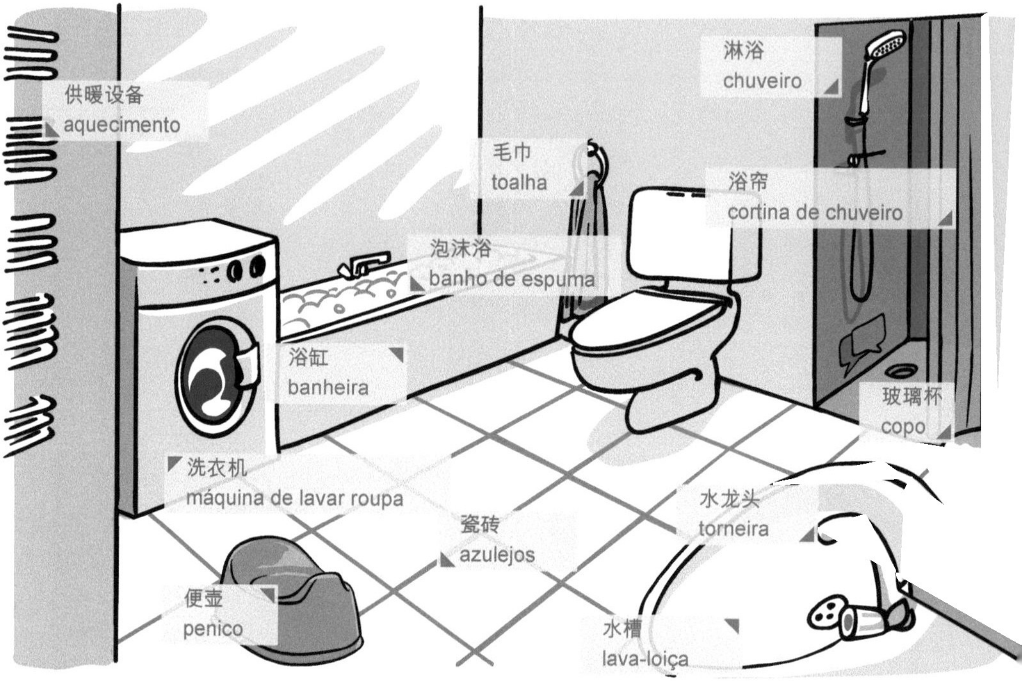

供暖设备
aquecimento

淋浴
chuveiro

毛巾
toalha

浴帘
cortina de chuveiro

泡沫浴
banho de espuma

浴缸
banheira

玻璃杯
copo

洗衣机
máquina de lavar roupa

瓷砖
azulejos

水龙头
torneira

便壶
penico

水槽
lava-loiça

厕所
sanita

蹲便器
retrete turca

坐浴器
bidé

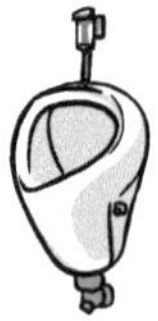

小便池
urinol

厕纸
papel higiénico

马桶刷
piaçaba

牙刷
escova de dentes

牙膏
pasta de dentes

牙线
fio dentário

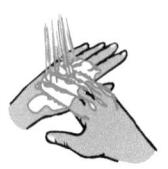

洗
lavar

手持式喷淋头
chuveiro de mão

冲洗器
duche íntimo

洗脸盆
bacia

擦背刷
escova para as costas

肥皂
sabonete

沐浴露
gel de banho

洗发水
champô

法兰绒
toalha de rosto

排水
escoamento

乳霜
creme

除臭剂
desodorizante

镜子

espelho

手镜

espelho de mão

剃须刀

máquina de barbear

剃须泡沫

creme de barbear

须后水

loção pós-barba

梳子

pente

刷子

escova

吹风机

secador de cabelo

喷发定型剂

spray de cabelo

化妆品

maquilhagem

唇膏

batom

指甲油

verniz de unhas

化妆棉

algodão

指甲剪

tesoura para unhas

香水

perfume

洗漱包

nécessaire

凳子

tamborete

计重秤

balança

浴袍

roupão de banho

橡胶手套

luvas de borracha

卫生棉条

tampão

卫生巾

penso higiénico

化学厕所

WC químico

quarto de criança

闹钟
despertador
毛绒玩具
peluche
玩具车
carro de brincar
拨浪鼓
chocalho
玩具屋
casa de bonecas
礼物
presente

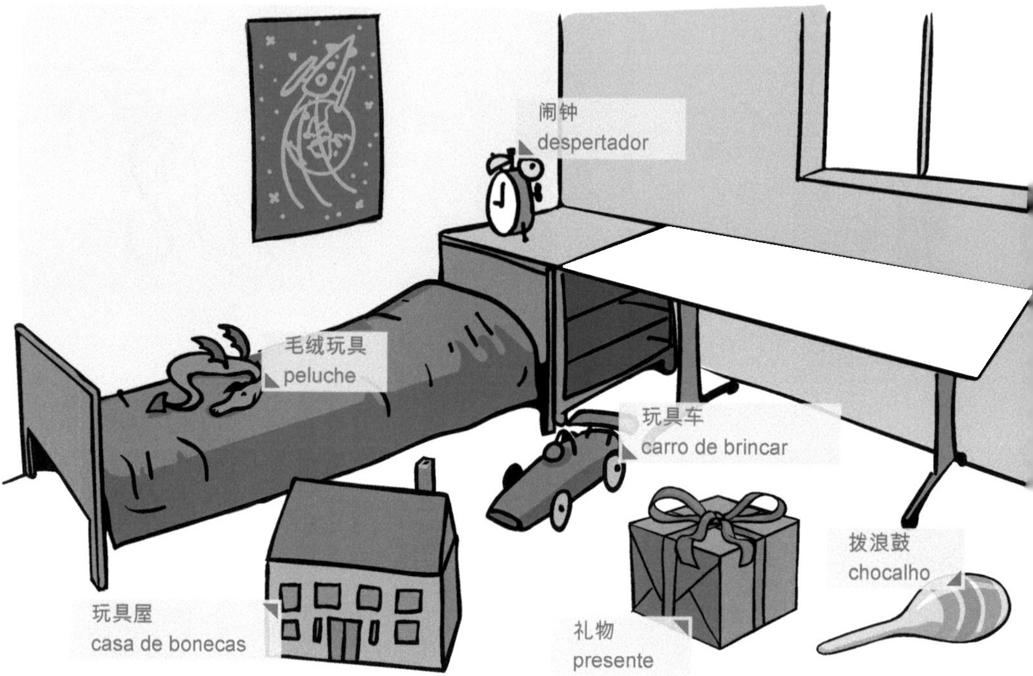

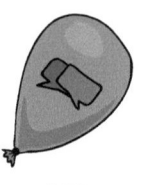

气球

balão

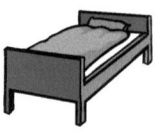

床

cama

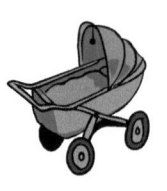

（洋娃娃用）婴儿车

carrinho de bebé

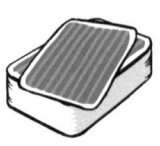

扑克牌

jogo de cartas

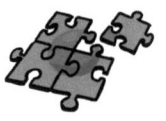

拼图

quebra-cabeças

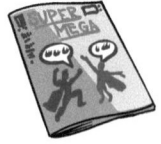

漫画

banda desenhada

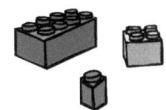

乐高积木

peças de Lego

积木玩具

blocos de construção

玩具人

figura de ação

婴儿服

fato de bebé

飞盘

Frisbee

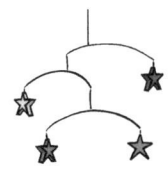

床铃玩具

móbile para bebé

棋盘游戏

jogo de tabuleiro

骰子

dados

火车模型

pista de comboio elétrico

安抚奶嘴

chupeta

聚会

festa

绘本

livro ilustrado

球

bola

洋娃娃

boneca

玩

jogar

沙坑

caixa de areia

秋千

baloiço

玩具

brinquedos

游戏机

consola de jogos

三轮车

triciclo

泰迪熊

ursinho de peluche

衣柜

guarda-roupa

vestuário

袜子

meias

长袜

meias pelo joelho

紧身裤

meias-calças

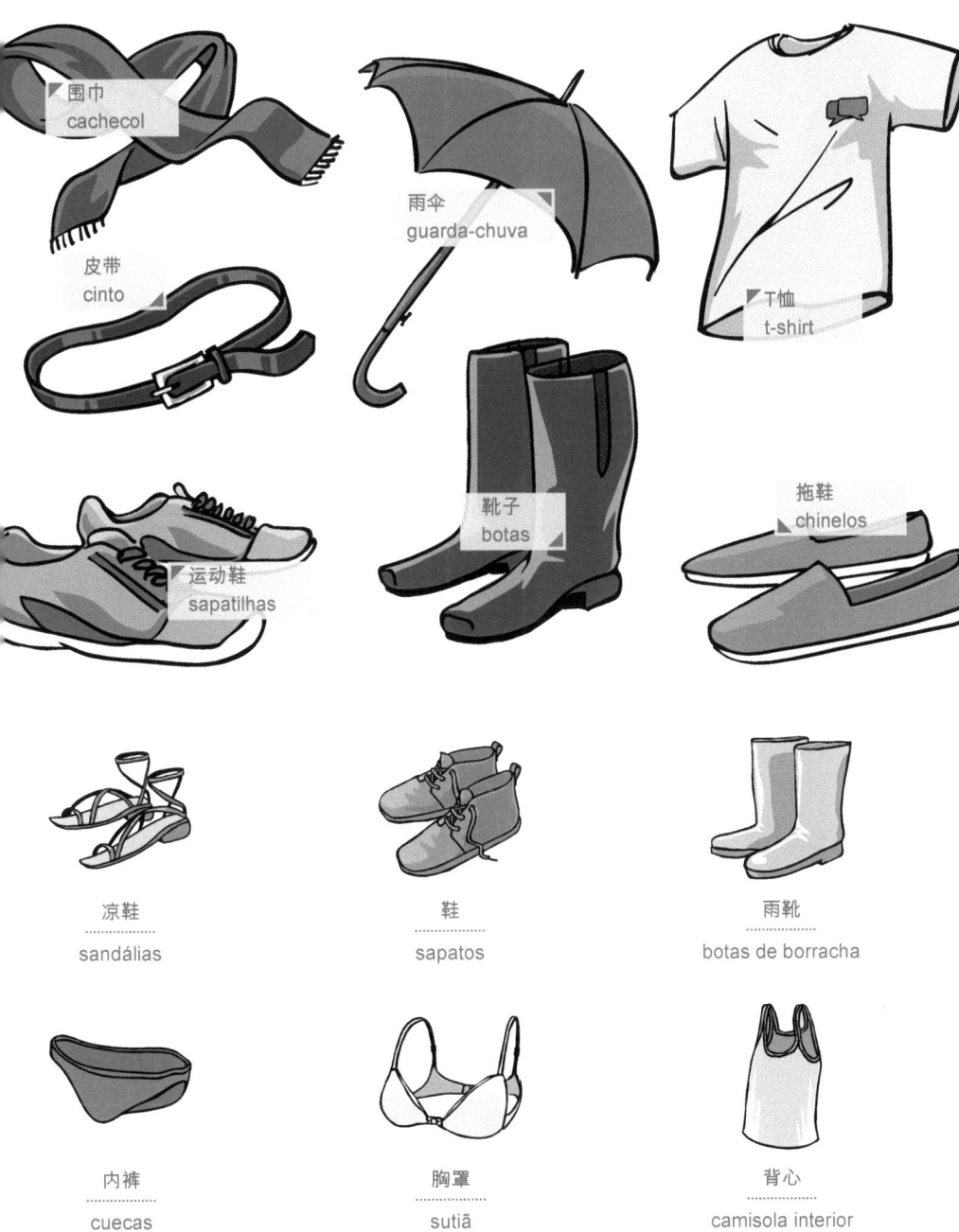

围巾
cachecol

雨伞
guarda-chuva

T恤
t-shirt

皮带
cinto

运动鞋
sapatilhas

靴子
botas

拖鞋
chinelos

凉鞋
sandálias

鞋
sapatos

雨靴
botas de borracha

内裤
cuecas

胸罩
sutiã

背心
camisola interior

衣服 - vestuário

身体

body

裤子

calças

牛仔裤

calças de ganga

短裙

saia

女式衬衫

blusa

衬衫

camisa

套头衫

pulôver

卫衣

camisola com capuz

西装夹克

blazer

夹克

casaco

外套

manto

雨衣

gabardina

套装

traje

连衣裙

vestido

婚纱

vestido de casamento

西装

fato

睡袍

camisa de dormir

睡衣

pijama

莎丽

sari

头巾

lenço de cabeça

包头巾

turbante

波卡

burca

卡夫坦

cafetã

(阿拉伯式)长袍长袍

abaya

泳衣

fato de banho

男式泳裤

calções de banho

短裤

calções

运动服

fato de treino

围裙

avental

手套

luvas

纽扣
botão

眼镜
óculos

手链
pulseira

项链
colar

戒指
anel

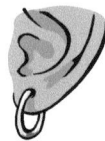

耳环
brinco

便帽
boné

衣架
cabide

帽子
chapéu

领带
gravata

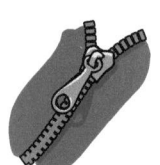

拉链
fecho de correr

头盔
capacete

背带
suspensórios

校服
uniforme escolar

制服
uniforme

围兜

babete

安抚奶嘴

chupeta

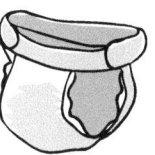

尿不湿

fralda

服务器
servidor

文件柜
armário de arquivo

打印机
ora

纸
papel

显示屏
ecrã

鼠标
rato

键盘
teclado

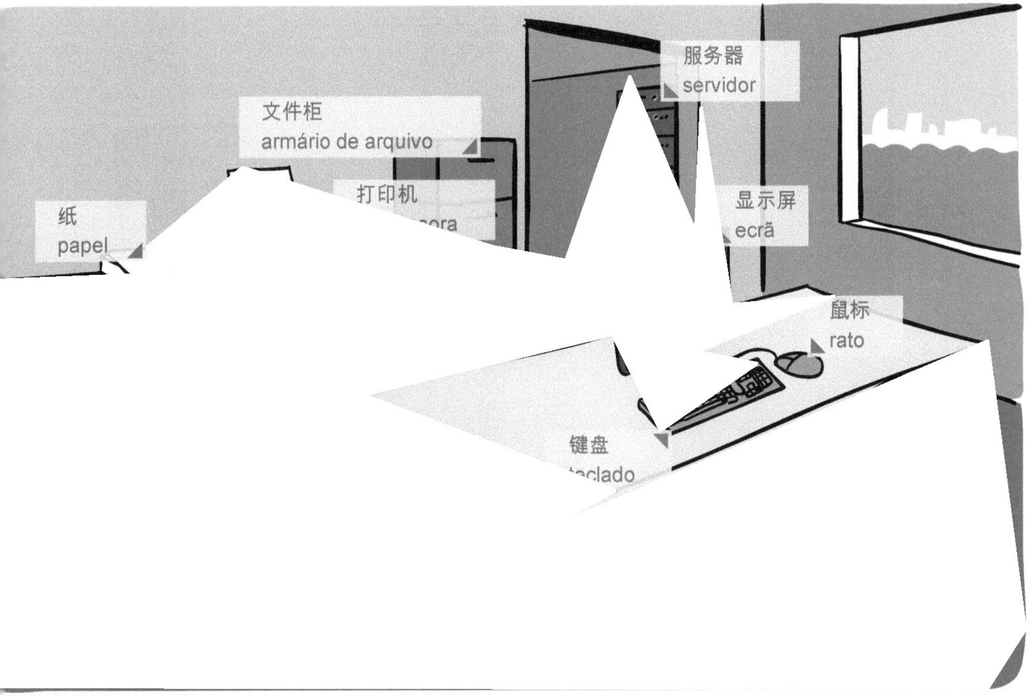

咖啡杯

caneca de café

计算器

calculadora

因特网

internet

笔记本电脑
computador portátil

信件
carta

消息
mensagem

手机
telemóvel

网络
rede

复印机
fotocopiadora

软件
software

电话
telefone

插座
tomada elétrica

传真机
fax

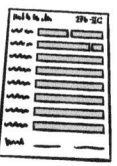

表格
formulário

文件
documento

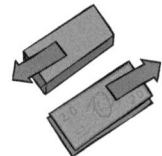

买

comprar

付钱

pagar

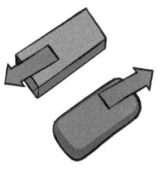

交易

negociar

现金

dinheiro

美元

dólar

欧元

euro

日元

yen

卢布

rublo

瑞士法郎

franco suíço

人民币

renminbi yuan

卢比

rupia

提款处

caixa de multibanco

外币兑换处

casa de câmbio

金

ouro

银

prata

石油

petróleo

能源

energia

价格

preço

合同

contrato

税金

imposto

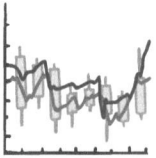

股票

ação

工作

trabalhar

职员

empregado

老板

entidade patronal

工厂

fábrica

商店

loja

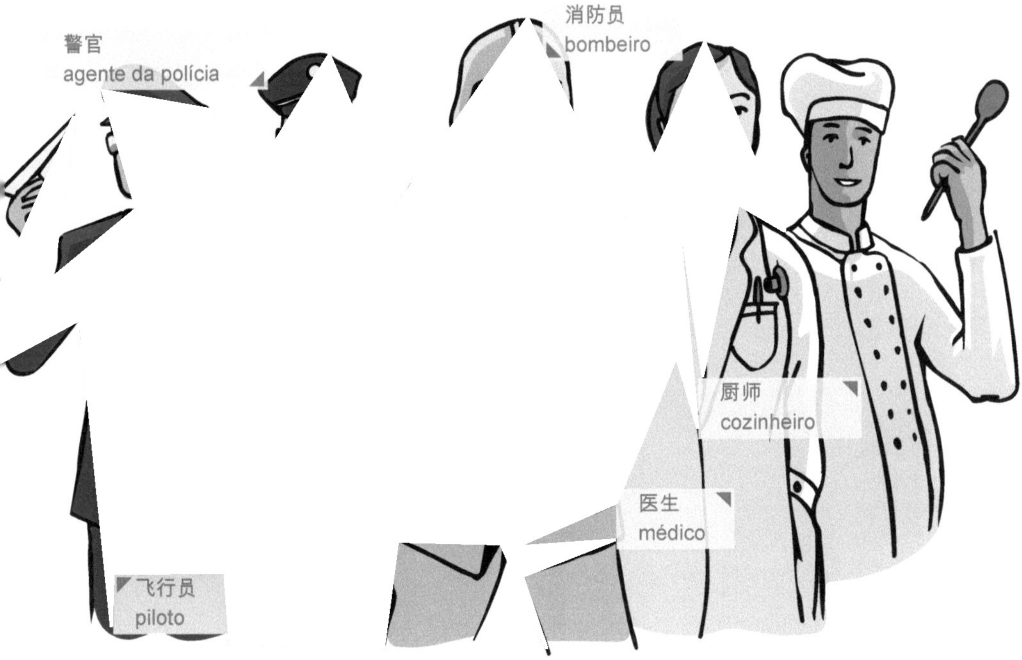

警官
agente da polícia

消防员
bombeiro

厨师
cozinheiro

医生
médico

飞行员
piloto

园丁

jardineiro

木匠

carpinteiro

裁缝

costureira

法官

juiz

化学家

químico

演员

ator

公交车司机

motorista de autocarro

出租车司机

motorista de táxi

渔夫

pescador

清洁女工

empregada de limpeza

屋顶工

telhador

服务员

empregado de mesa

猎人

caçador

画家

pintor

面包师

padeiro

电工

eletricista

建筑工人

construtor

工程师

engenheiro

屠夫

talhante

水管工

canalizador

邮递员

carteiro

士兵

soldado

建筑师

arquiteto

收银员

caixa

花农

florista

理发师

cabeleireiro

售票员

controlador de bilhetes

机械师

mecânico

船长

capitão

牙医

dentista

科学家

cientista

拉比

rabino

伊玛目

imã

和尚

monge

牧师

pastor

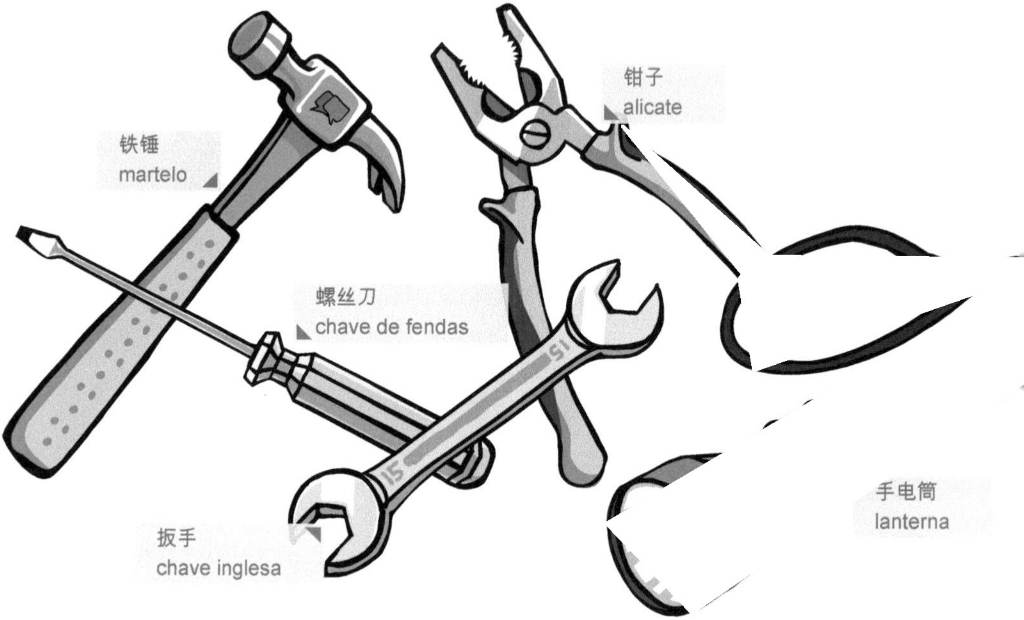

铁锤
martelo

钳子
alicate

螺丝刀
chave de fendas

扳手
chave inglesa

手电筒
lanterna

挖掘机

escavadora

工具箱

caixa de ferramentas

梯子

escadote

锯子

serra

钉子

pregos

钻机

broca

修
reparar

铲子
pá

靠！
porcaria!

簸箕
pá de lixo

油漆桶
pote de tinta

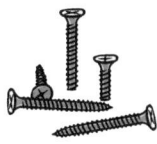

螺丝
parafusos

instrumentos musicais

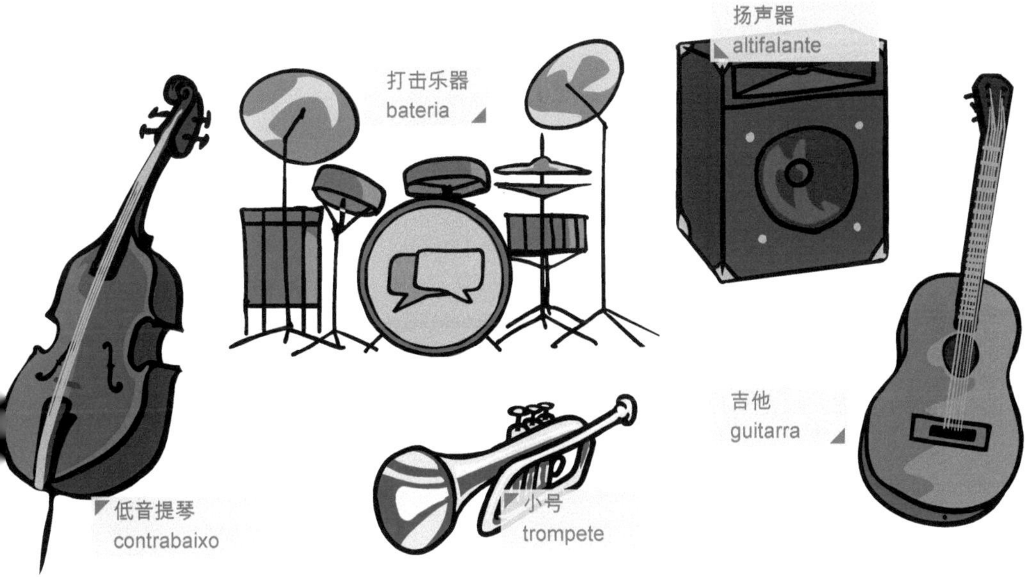

扬声器
altifalante

打击乐器
bateria

吉他
guitarra

低音提琴
contrabaixo

小号
trompete

钢琴

piano

小提琴

violino

贝斯

baixo

定音鼓

timbales

鼓

tambor

电子琴

teclado

萨克斯管

saxofone

长笛

flauta

麦克风

microfone

jardim zoológico

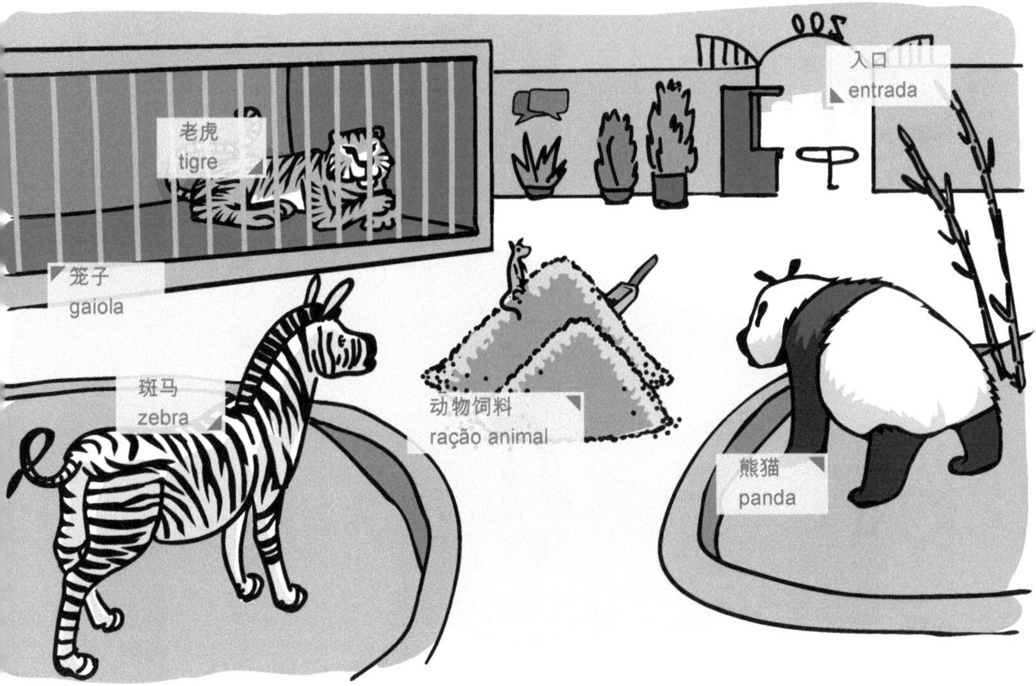

老虎
tigre
笼子
gaiola
入口
entrada
斑马
zebra
动物饲料
ração animal
熊猫
panda

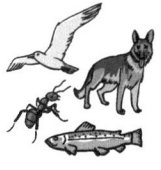

动物

animais

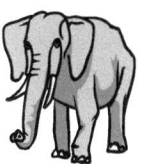

大象

elefante

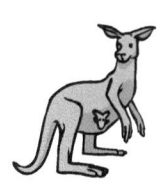

袋鼠

canguru

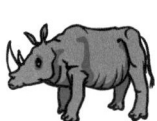

犀牛

rinoceronte

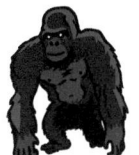

大猩猩

gorila

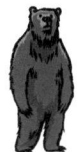

熊

urso

骆驼

camelo

鸵鸟

avestruz

狮子

leão

猴子

macaco

火烈鸟

flamingo

鹦鹉

papagaio

北极熊

urso polar

企鹅

pinguim

鲨鱼

tubarão

孔雀

pavão

蛇

cobra

鳄鱼

crocodilo

动物园管理员

guarda do jardim zoológico

海豹

foca

美洲豹

jaguar

矮种马

pónei

豹

leopardo

河马

hipopótamo

长颈鹿

girafa

老鹰

águia

野猪

javali

鱼

peixe

龟

tartaruga

海象

morsa

狐狸

raposa

羚羊

gazela

desporto

橄榄球
futebol americano

骑自行车
ciclismo

网球
ténis

篮球
basquetebol

游泳
natação

拳击
boxe

冰球
hóquei no gelo

英式足球
futebol

羽毛球
badminton

田径
atletismo

手球
andebol

滑雪
esqui

马球
polo

跳
saltar

拥抱
abraçar

笑
rir

走路
andar

唱
cantar

做梦
sonhar

祈祷
rezar

亲吻
beijar

书写
escrever

画
desenhar

展示
mostrar

推
empurrar

给
dar

拿
tomar

有
ter

做
fazer

当
ser

站
ficar de pé

跑
correr

拉
puxar

扔
remessar

摔倒
cair

躺
deitar

等待
esperar

携带
carregar

坐
sentar

穿衣
vestir

睡觉
dormir

醒来
acordar

看
olhar para

哭
chorar

抚摸
acariciar

梳头
pentear

交谈
falar

明白
compreender

问
perguntar

听
ouvir

喝
beber

吃
comer

清理
arrumar

爱
amar

做饭
cozinhar

开车
conduzir

飞
voar

航行

velejar

计算

calcular

读

ler

学习

aprender

工作

trabalhar

结婚

casar

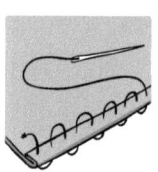

缝

costurar

刷牙

escovar os dentes

杀

matar

抽烟

fumar

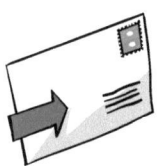

寄

enviar

祖母
avó

祖父
avô

父亲
pai

母亲
mãe

婴童
bebé

女儿
filha

儿子
filho

客人

convidado

阿姨

tia

叔叔

tio

兄弟

irmão

姐妹

irmã

corpo

前额
testa
眼睛
olho
肩膀
ombro
手指
dedo
脸
cara
下巴
queixo
手
mão
腿
perna
乳房
peito
手臂
braço

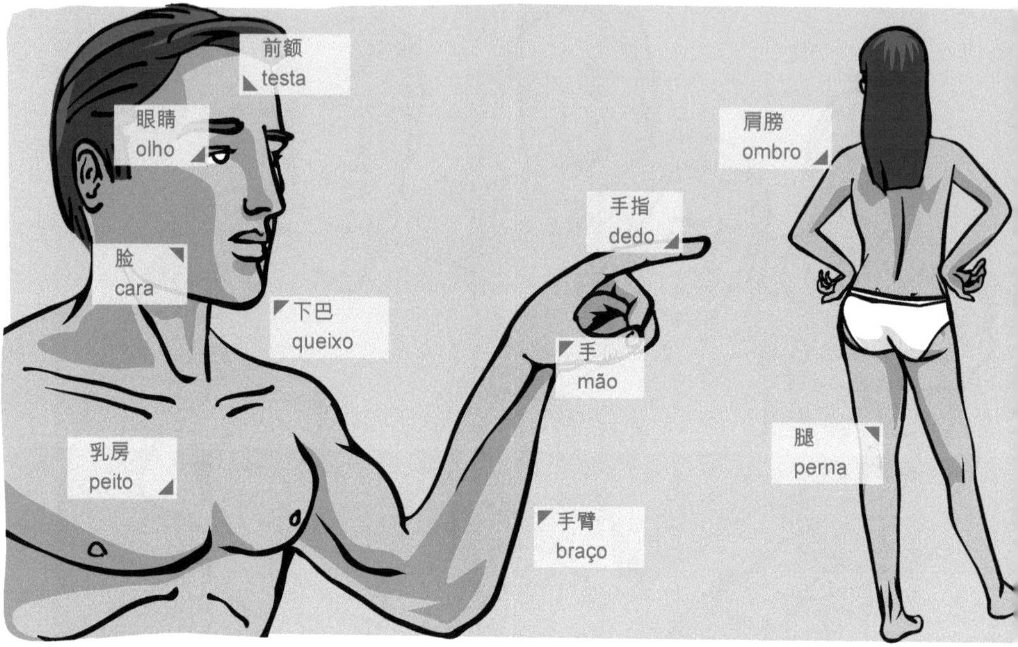

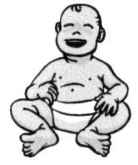

婴童

bebé

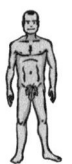

男人

homem

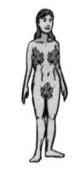

女人

mulher

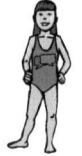

女孩

menina

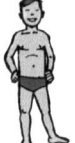

男孩

menino

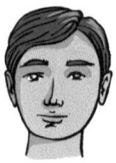

头

cabeça

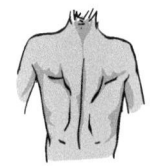

背部
costas

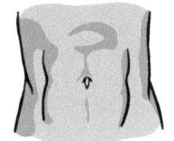

肚子
barriga

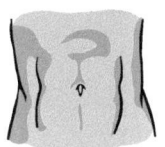

肚脐
umbigo

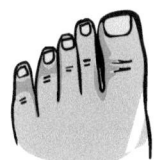

脚趾
dedo do pé

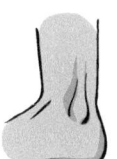

脚后跟
calcanhar

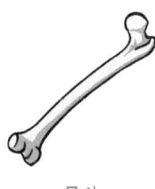

骨头
osso

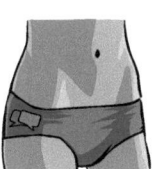

臀部
anca

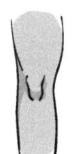

膝盖
joelho

手肘
cotovelo

鼻子
nariz

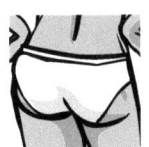

屁股
nádegas

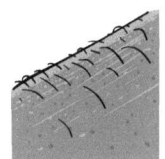

皮肤
pele

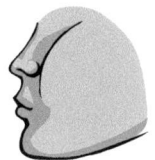

脸颊
bochecha

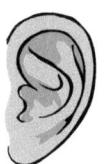

耳朵
orelha

嘴唇
lábio

嘴
boca

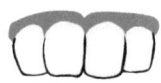

牙齿
dente

舌头
língua

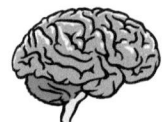

脑
cérebro

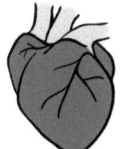

心脏
coração

肌肉
músculo

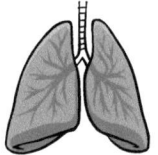

肺
pulmão

肝脏
fígado

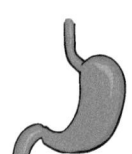

胃
estômago

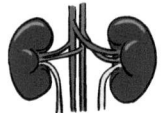

肾脏
rins

性交
relações sexuais

避孕套
preservativo

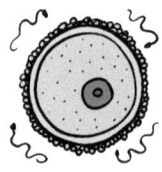

卵子
óvulo

精子
esperma

怀孕
gravidez

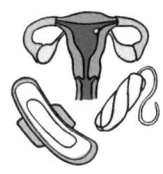

月经

menstruação

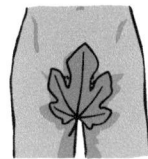

阴道

vagina

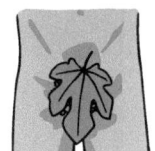

阴茎

pénis

眉毛

sobrancelha

头发

cabelo

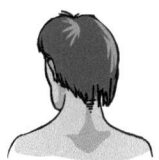

脖子

pescoço

hospital

医院
hospital
轮椅
cadeira de rodas
骨折
fratura

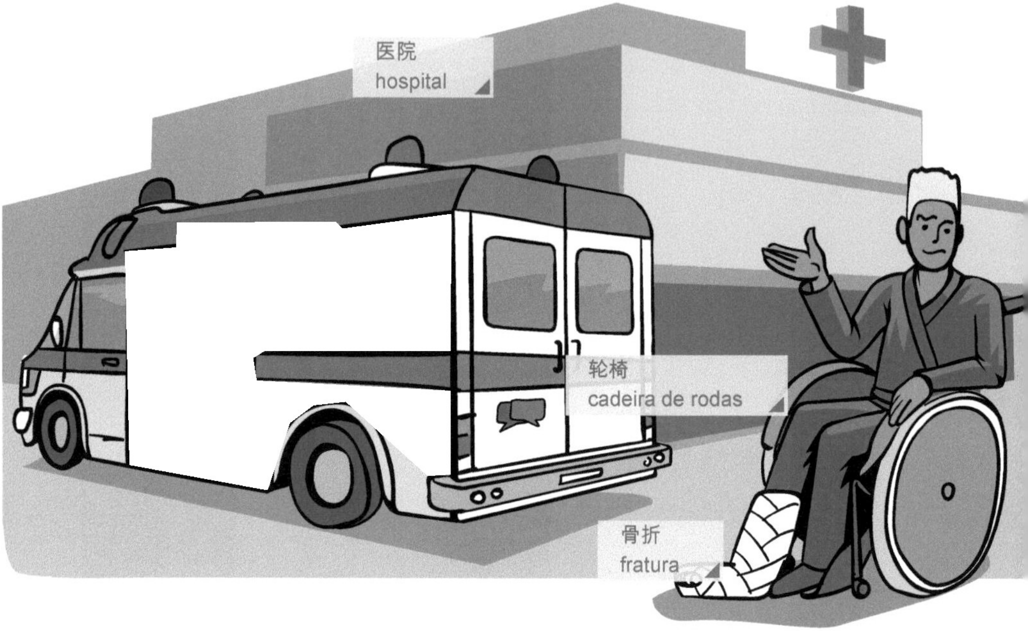

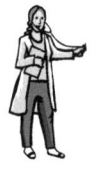

医生

médico

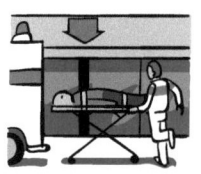

急诊室

serviço de urgências

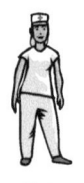

护士

enfermeira

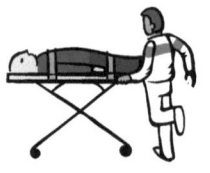

紧急情况

emergência

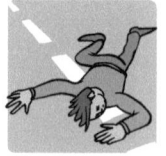

昏迷

inconsciente

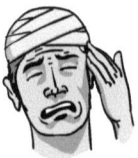

痛

dor

受伤

ferimento

出血

hemorragia

心脏病发作

ataque cardíaco

中风

acidente vascular cerebral

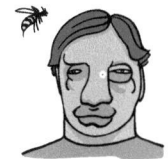

过敏

alergia

咳嗽

tosse

发烧

febre

流感

gripe

腹泻

diarreia

头痛

dor de cabeça

癌症

cancro

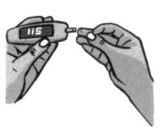

糖尿病

diabetes

外科医生

cirurgião

手术刀

bisturi

手术

operação

CT
CT

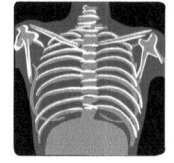

X光
raio x

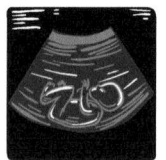

超声波
ultrassom

口罩
máscara

疾病
doença

候诊室
sala de espera

拐杖
muleta

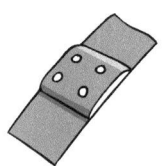

石膏
penso rápido

绷带
ligadura

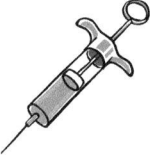

注射
injeção

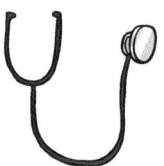

听诊器
estetoscópio

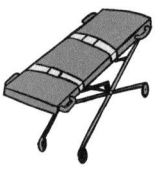

担架
maca

体温计
termómetro

出生
nascimento

超重
excesso de peso

助听器

aparelho auditivo

消毒液

desinfetante

感染

infeção

病毒

vírus

艾滋病

HIV / SIDA

药物

medicamento

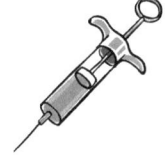

接种疫苗

vacinação

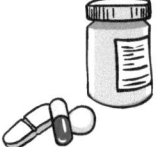

药片

comprimidos

药丸

pílula

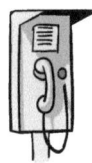

急救电话

chamada de emergência

血压计

dispositivo de medição de
pressão arterial

生病/健康

doente / saudável

救命！
Socorro!

警报
alarme

突击
assalto

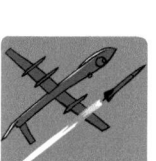

攻击
ataque

危险
perigo

紧急出口
saída de emergência

着火啦！
Fogo!

灭火器
extintor de incêndios

意外
acidente

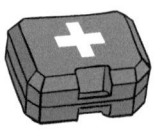

急救箱
estojo de primeiros socorros

呼救信号
SOS

警察
polícia

欧洲

Europa

北美洲

América do Norte

南美洲

América do Sul

非洲

África

亚洲

Ásia

澳洲

Austrália

大西洋

Atlântico

太平洋

Pacífico

印度洋

Oceano Índico

南冰洋

Oceano Antártico

北冰洋

Oceano Ártico

北极

Polo Norte

南极

Polo Sul

南极洲

Antártica

地球

terra

陆地

país

海

mar

岛

ilha

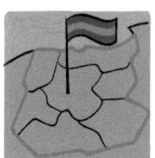

国家

nação

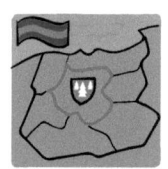

国家

estado

钟面

mostrador do relógio

时针

ponteiro das horas

分针

ponteiro dos minutos

秒针

ponteiro dos segundos

现在几点？

Que horas são?

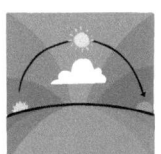

天

dia

时间

tempo

现在

agora

电子表

relógio digital

分

minuto

时

hora

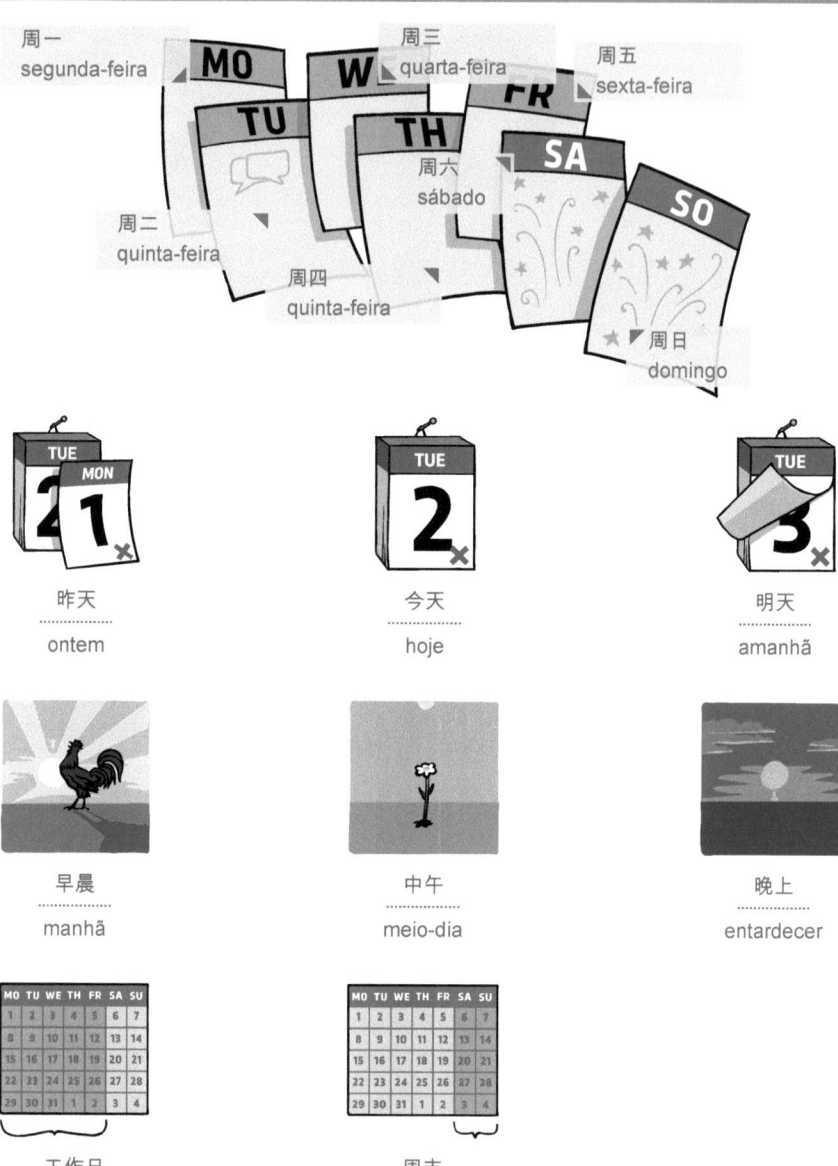

周一
segunda-feira

周三
quarta-feira

周五
sexta-feira

周六
sábado

周二
quinta-feira

周四
quinta-feira

周日
domingo

昨天
ontem

今天
hoje

明天
amanhã

早晨
manhã

中午
meio-dia

晚上
entardecer

工作日
dias úteis

周末
fim de semana

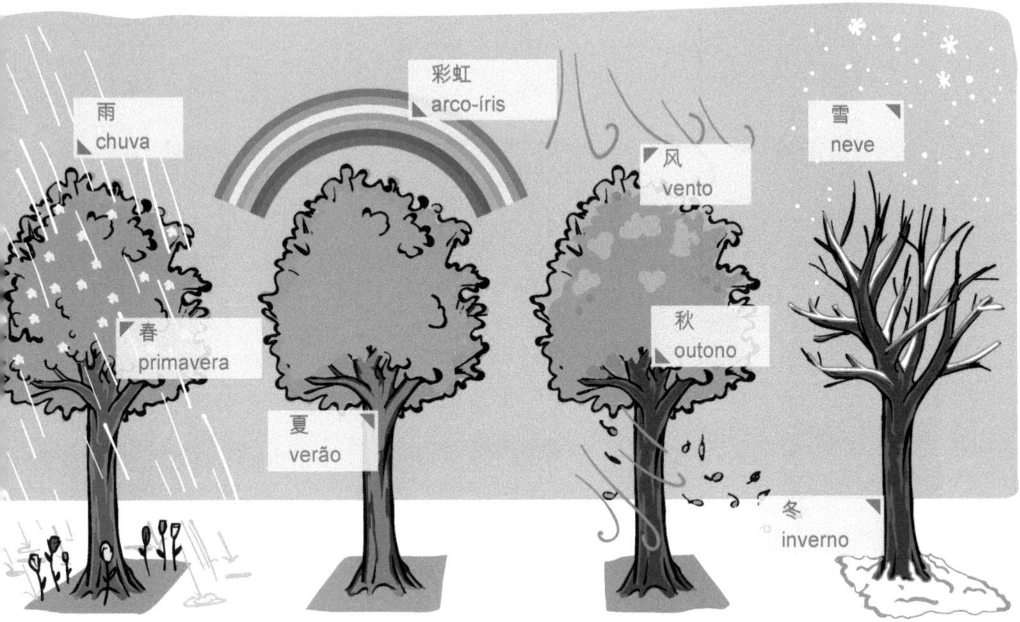
雨
chuva
彩虹
arco-íris
风
vento
雪
neve
春
primavera
夏
verão
秋
outono
冬
inverno

4.APRIL 11°
5.APRIL 4°
6.APRIL 13°
7.APRIL 8°
8.APRIL 10°

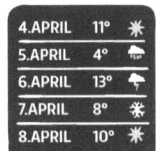

天气预报

previsão do tempo

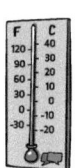

温度计

termómetro

阳光

raios de sol

云

nuvem

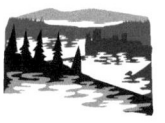

雾

neblina / nevoeiro

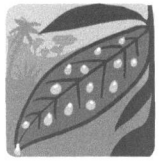

潮湿

humidade do ar

闪电

relâmpago

打雷

trovão

风暴

tempestade

冰雹

granizo

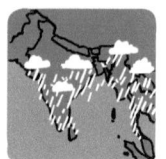

季风

monção

洪水

inundação

冰

gelo

一月

janeiro

二月

fevereiro

三月

março

四月

abril

五月

maio

六月

junho

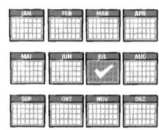

七月

julho

八月

agosto

九月
setembro

十月
outubro

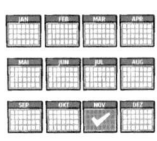

十一月
novembro

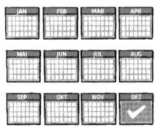

十二月
dezembro

圆形
círculo

正方形
quadrado

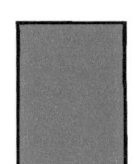

长方形
retângulo

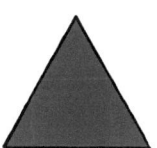

三角形
triângulo

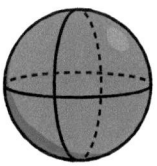

球体
esfera

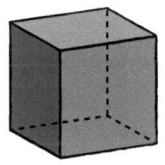

立方体
cubo

白
....
branco

黄
....
amarelo

橙
....
laranja

粉
....
rosa

红
....
vermelho

紫
....
lilás

蓝
....
azul

绿
....
verde

棕
....
castanho

灰
....
cinzento

黑
....
preto

很多/少许

muito / pouco

生气/平静

furioso / calmo

美/丑

lindo / feio

首/尾

princípio / fim

大/小

grande / pequeno

明/暗

claro / escuro

兄弟/姐妹

irmão / irmã

干净/肮脏

limpo / sujo

完整/缺失

completo / incompleto

白天/晚上

dia / noite

死/生

morto / vivo

宽/窄

largo / estreito

可食用/非食用

comestível / não comestível

邪恶/善良

mau / gentil

兴奋/无聊

entusiasmado / entediado

胖/瘦

gordo / magro

第一/最后

primeiro / último

朋友/敌人

amigo / inimigo

满/空

cheio / vazio

硬/软

duro / macio

重/轻

pesado / leve

饿/渴

fome / sede

生病/健康

doente / saudável

非法/合法

ilegal / legal

聪明/愚笨

inteligente / burro

左/右

esquerda / direita

近/远

perto / longe

新/旧

novo / usado

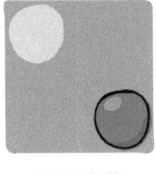

没有/有些

nada / algo

老/幼

velho / jovem

开/关

ligado / desligado

打开/合上

aberto / fechado

安静/吵闹

baixo / alto

富/穷

rico / pobre

对/错

certo / errado

粗糙/光滑

áspero / liso

伤心/高兴

triste / feliz

短/长

curto / longo

慢/快

lento / rápido

湿/干

molhado / seco

温暖/凉爽

ameno / fresco

战争/和平

guerra / paz

0

零
....
zero

1

一
....
um

2

二
....
dois

3

三
....
três

4

四
....
quatro

5

五
....
cinco

6

六
....
seis

7

七
....
sete

8

八
....
oito

9

九
....
nove

10

十
....
dez

11

十一
....
onze

12
十二
doze

13
十三
treze

14
十四
catorze

15
十五
quinze

16
十六
dezasseis

17
十七
dezassete

18
十八
dezoito

19
十九
dezanove

20
二十
vinte

100
百
cem

1.000
千
mil

1.000.000
百万
milhão

英语

inglês

美式英语

inglês americano

普通话

chinês mandarim

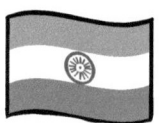

印地语

hindi

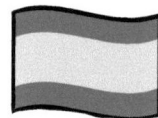

西班牙语

espanhol

法语

francês

阿拉伯语

árabe

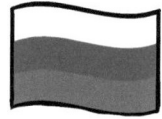

俄语

russo

葡萄牙语

português

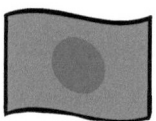

孟加拉语

bengalês

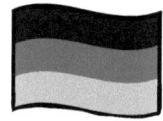

德语

alemão

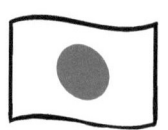

日语

japonês

我

eu

你

tu

他/她/它

ele / ela

我们

nós

你们

vós

他们

eles / elas

谁？

quem?

什么？

o quê?

怎样？

como?

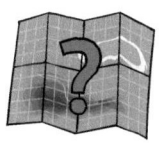

哪里？

onde?

什么时候？

quando?

名字

nome

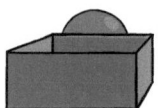

后面

atrás

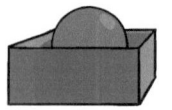

里面

em

前面

à frente de

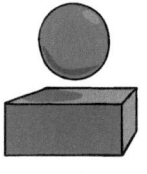

上方

sobre

上面

em cima

下面

debaixo

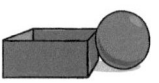

旁边

ao lado

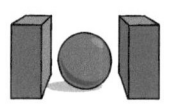

中间

entre

地点

lugar